纯美滤思

小学融合美育
策略体系构建与实施原理

廖全明　寇忠泉　著

团结出版社

UNITY PRESS

图书在版编目（CIP）数据

纯美滤思 / 廖全明，寇忠泉著. -- 北京 ：团结出
版社，2021.5（2024.2重印）

ISBN 978-7-5126-8886-5

Ⅰ．①纯… Ⅱ．①廖… ②寇… Ⅲ．①美育－教学研
究－小学 Ⅳ．①G623.702

中国版本图书馆CIP数据核字(2021)第091066号

出　　版	团结出版社	
	（北京市东城区东皇城根南街84号　邮编：100006）	
电　　话	（010）65228880　65244790	
网　　址	http://www.tjpress.com	
E－mail	65244790@163.com	
经　　销	全国新华书店	
印　　装	三河市嵩川印刷有限公司	
开　　本	170mm×240mm　　1/16	
印　　张	12	
字　　数	202千字	
版　　次	2021年5月第1版	
印　　次	2024年2月第2次印刷	
书　　号	978-7-5126-8886-5	
定　　价	49.80元	

内容简介

　　本书以电子科技大学实验中学附属小学的美育实践探索为样本，通过对学校"五育"融合策略下的"以美育人、以文化人"的案例剖析，较为系统、深入地阐述了小学"纯美教育"的基本内涵、主要理念及校本化实施的价值、原则、过程、特征等的理论背景，为小学融合美育策略体系构建和实施提供了理论依据。

总 序

强化美育，培根铸魂

曾繁仁

电子科技大学实验中学附属小学（以下简称科大实验附小）近七年来，坚持党的教育方针，强化美育，落实美育，立德树人，培根铸魂，取得了显著成绩，其探索实践行为与美育实践经验值得推广发扬。

科大实验附小有一个明确的强化美育的教育理念，他们鲜明地提出"纯美教育"的办学思想和"为纯美的童年而教育"的教育理想，这就为贯彻落实习近平总书记关于加强学校美育的重要指示精神找到了着力点。习总书记要求全面加强和改进学校美育，坚持以美育人、以文化人，提高学生的审美和人文素养，并明确要求学校教育要立德树人，培根铸魂，培养优秀的党和国家接班人。习总书记的指示以美育为出发点，以德、智、体、美、劳全面发展为指归，以培养优秀的党和国家接班人为归属，揭示了我国教育的根本宗旨。科大实验附小从"纯美教育"的办学思想出发，落实习总书记的指示精神，为基础教育中的小学探索从美育切入融合其他各育育人，实现五育并举树立了榜样。

科大实验附小还有一系列强化美育的措施，将美育落实到学校的教育目标、课程体系、学科课堂与学校环境建设等诸多方面。非常可贵的是，他们找到了以美为融合点、以美育为融合策略的学校美育融合育人路径，并自觉地对美育融合实践进行了理论总结，其中包括学校美育融合原理、学校美育融合方法等，形成了较完整的"小学融合美育策略体系构建与实施"的成果，作为一所小学实在是难能可贵，值得钦佩！

科大实验附小"纯美教育"探索的带头人寇忠泉、杨琳玲、古德英、郑环、刘晓军、黄明霞、何小波、袁春玲等老师，身处学校美育实践的第一线，共同的学校美育理想、共同的探索小学美育方法的愿望，把他们凝聚成一个思想活跃的团队，让他们成为小学美育实践优秀的理论探索者与方法的总结者，基于此，才有了《纯美滤思：小学融合美育策略体系构建与实施原理》《大美力行：小学融合美育策略体系构建与实施》《集美行远：小学融合美育策略体系构建与实施探源》专著的出版。尽管这些探索还不够完美，在追求高质量学校美育的路上还有很长的路要走，但精神可嘉，成绩突出，可喜可贺。

美育尽管是德国诗人席勒于 1795 年首次在《美育书简》中提出的，以情感教育之内涵将之与德育、智育相区别，但我国早在周代即由周公提出"礼乐教化"之治国理念。此后几千年来，"礼乐教化"成为我国各朝各代治国安邦之基本理念与策略，有着极为丰富的成果与经验，而近代以来，特别是中国共产党成立一百年来，我们党在美育方面积累了丰富的成果经验，如毛泽东同志的《在延安文艺座谈会上的讲话》与习近平同志党的十八大以来有关文艺与美育的一系列重要讲话与指示，这些内容丰富的美育成果成为我们进行学校美育工作的指南。我们既要很好地继承发扬中国古代优秀美育传统，弘扬中华美育精神，更要学习贯彻好中国共产党成立一百年来的，特别是习近平同志提出的美育理论思想。我相信，科大实验附小一定会在这方面做得更好，取得更多经验，从而将"纯美教育"与党的美育理论建设更好地融合。我衷心地期望并相信科大实验附小在"纯美教育"的路上会走得更加扎实，取得更加突出的成绩。

2021 年 3 月 12 日

（曾繁仁，著名美学家，当代中国生态美学的奠基人，山东大学终身教授，曾先后担任山东大学党委书记、校长。现任教育部人文社会科学重点研究基地"山东大学文艺美学研究中心"主任、国家重点学科山东大学文艺学学科学术带头人、教育部艺教委常委高校组组长、中华美学学会副会长、中国中外文论学会副会长。）

目　录

第一章　不同阶段中国美育解读

马克思主义的美育思想集中反映在马克思早期哲学著作《1844年经济学哲学手稿》中。马克思关于劳动创造人的理论以及异化劳动理论中，都提出了美育思想。马克思劳动创造人的理论比较了人与动物的活动差异。动物活动仅仅是与自身的生命活动紧密相连，动物创造的美丽的鸟巢、精致的蜘蛛网等，都只是为了满足动物的直接肉体需要，对动物本身不具有美的价值，也不具有任何美的意义。而人与动物有根本区别，因为"人则懂得按照任何物种的尺度来进行生产，并且随时随地都能用内在固有的尺度来衡量对象，所以，人也按照美的规律来塑造物体"。马克思的异化劳动理论认为人的本质是"自由自觉的对象性活动"，也称作"人的类本质"。但资本主义大生产把劳动—人—美三者之间的关系完全颠倒了过来，造成了人的畸形发展，"异化劳动将这种关系颠倒过来：正是由于人是有意识的存在物，人才把自己的生活活动、自己的本质仅仅变成维持自己生存的手段"[1]。要实现人自身全面发展状态的复归，必须借助于人类这种类本质的实现。培养人创造美的能力实际上是实现类本质的一条关键途径。

第一节　改革开放前的中国美育

美育政策是指国家制定的关于美育的法律法规、发布的会议决议以及相关政策性文件，是一定时期学校美育工作实践的指南、方针和准则。从范围上讲主要

---

[1] 马克思 .1844年经济学哲学手稿 [M]. 北京 : 人民出版社 ,1979:47.

包括全国人民代表大会通过的与美育有关的决议、国务院及其组成部门主要是教育部颁布的有关美育的政策性文件，不包括省级或区域性层面颁布的各类政策性文件。

中国当代美育政策可追溯到至 1942 年，当年 5 月在延安举行文艺座谈会，毛泽东在会上发表了重要讲话，最终汇集为文本《在延安文艺座谈会上的讲话》。其中主要讲了两个问题，即文艺是为什么人服务的和如何去服务的问题，前一个是文艺的政治方向，后一个是文艺的美育本质问题。这篇讲话文章后来成为中国文艺工作的指导方针。毛泽东在文中指出"把日常的现象集中起来，把其中的矛盾和斗争典型化，造成文学艺术作品，就能使人民群众惊醒起来，感奋起来，推动人民群众走向团结和斗争，实行改造自己的环境。如果没有这样的文艺，那么这个任务就不能完成，或者不能有力地迅速地完成"[1]。毛泽东把文学艺术和审美教育作为政治斗争和革命实践的一部分，符合当时的时代背景和革命需要，对动员广大人民群众参加革命斗争、争取革命最后胜利发挥了巨大作用。新中国成立以后，周恩来《在文艺工作座谈会和故事片创作会议上的讲话》中说："有人问我：文艺的教育作用和娱乐作用是不是统一的？是辩证的统一。群众看戏、看电影是要从中得到娱乐和休息。"突出了美育的基本功能。1957 年，毛泽东在和教育界进行讨论时提出中国的教育方针应该是"使受教育者在德育、智育、体育几方面都得到发展"，我国开始正式使用教育方针的概念。

新中国最早颁布的美育政策应该是 1952 年 3 月，教育部颁发了《小学暂行规程（草案）》和《中学暂行规程（草案）》，其中《小学暂行规程（草案）》明确提到"实施智育、德育、体育、美育等全面发展的教育"，谈到关于美育的部分，提出小学美育的目标是"使儿童具有爱美的观念和欣赏艺术的初步能力"。"给儿童以全面的基础教育，使他们成为新民主主义社会热爱祖国和人民的、自觉的、积极的成员"。中学美育的目标是"陶冶学生的审美观念，并启发其艺术的创造能力""使他们的身心获得全面的发展"。当时的文件规定对美育的认识主要包括爱美、陶冶审美观念、欣赏艺术、启发艺术创造等，对美育的欣赏、表现与创造功能的认识更多是狭义上的，但其中讲到的"美育使他们的身心

---

[1] 毛泽东 . 在延安文艺座谈会上的讲话 [M]// 毛泽东 . 毛泽东选集：第三卷 . 北京：人民出版社 ,1953:863.

获得全面的发展"，"全面基础教育"具有一定前瞻性和指导意义。

1961年1月，中共中央八届九中全会正式批准对国民经济实行"调整、巩固、充实、提高"的经济方针。1961年5月26日《文汇报》社组织了上海市教育界、美学界、文艺界人士座谈会，与会人员热烈讨论了关于美育在整个教育工作中的地位和作用，认为美育在任何时候都是社会主义教育不可忽视的一个重要领域。毛泽东于1963年3月5日向全国发出"向雷锋同志学习"的号召，雷锋为人民服务的精神成为当时的人格典范，加上其他榜样人物的宣传，对培养人们的献身精神、高尚人格情操产生了重大影响。

由于当时的教育方针、教育政策并没有正式提出"美育"，对"全面发展"概念的理解也相对简单、片面，对学校教育的美育工作开展造成了影响，在实践中甚至有忽视乃至取消美育的现象。

第二节　改革开放后的中国美育

改革开放以来，我国的美育政策经历了从停滞重启到初步发展再到深入发展的过程，我国教育方针的内涵从忽视到重新确立美育在全面发展教育中的重要地位，经历了一个从不完善到不断完善的演进过程。在新的历史时期，人们对于美的需求越来越强烈，越来越多样化，美育教育已经成为我国全面发展素质教育的重要组成部分，成为推动我国建设成为教育强国、人力资源强国的重要途径和有力措施。

一、改革开放后的美育政策的成因

十一届三中全会召开以来，在党和国家领导人的亲切关怀和教育文化界人士的呼吁下，美育的重要性逐渐凸显出来，人们开始认识到美育在帮助学生树立正确的审美观念、提高学生人文素养、培育学生健全人格等方面具有不可替代的作用。促进我国美育政策的不断完善主要有两个方面的原因。

一是党和国家领导人的教育关怀和执政理念。1979年10月30日，邓小平在文学艺术工作者第四次代表大会的祝词中指出文艺"不论是对于满足人民精神生活多方面的需要，对于培养社会主义新人，对于提高整个社会的思想、文化、道德水平，文艺工作都负有其他部门所不能代替的重要责任"。1999 年 3 月 5 日，朱镕基总理在第九届全国人民代表大会上作的《政府工作报告》中明确指出"要大力推进素质教育，使学生们在德、智、体、美等方面全面发展"，正式将美育包含在教育方针的叙述中，结束了长期以来教育方针中缺少"美育"字面表述的历史。

二是教育界对美育价值认识达成的共识。1980 年 6 月，全国美学会议第一次会议正式召开，与会代表就美育、美的本质、中国美学史和人的思维等问题展开了热烈的讨论，通过讨论彻底厘清了关于美育的错误思想认识，重新确立了马克思主义的美育观，会后还成立了专门的美学和美育研究学术团体——全国美学学会。1985 年，中国音协第四届代表大会召开，与会代表就美育的价值、美育的现状进行了热烈讨论，对学校教育不重视音乐教育，特别是不重视国民音乐教育的现状感到忧心，强烈呼吁要加强中小学校音乐教育工作。姚思源、吕骥等 37 位中国音乐界名家共同签名的《关于加强普通学校音乐教育的建议书》刊登在《人民音乐》等国内各大报刊上，产生了很大反响。2015 年，全国政协常委叶小纲曾代表无党派人士在政协常委会上做了"让社会主义核心价值观通过美育深植青少年心中"的发言，提出了五大问题和五项建议，包括美育法规不配套、专门政策不明确的问题，美育体系不完善、美育发展不均衡、欠发达地区美育条件有待改善等问题，以及完善法规、健全机制、构建体系、改善条件等建议。该发言对国务院办公厅《关于全面加强和改进学校美育工作的意见》的出台提供了借鉴。

二、改革开放后的主要政策文件

（一）美育宏观政策的发展

1981 年 2 月 25 日，全国总工会、共青团中央、全国妇联、中国文联、中国爱国卫生运动委员会、全国学联、全国伦理学会、中国语言学会、中华全国美学学会等九个单位联合发出《关于开展文明礼貌活动的倡议》，提出"五讲四美"倡议，"五讲"分别是讲文明、讲礼貌、讲卫生、讲秩序、讲道德，"四美"分别是心灵美、语言美、行为美、环境美。在当年的 2 月 28 日，中宣部、文化部等五个党和政府单位联合支持这个倡议，把它作为社会主义精神文明建设的一件大事来抓。

1986 年 3 月，全国人大六届四次会议通过的《中华人民共和国国民经济和社会发展第七个五年计划（1986—1990）》明确提到"各级各类学校都要加强思想政治工作，贯彻德育、智育、体育、美育全面发展的方针"，这是在正式文件中首次明确提到了美育。同年 4 月全国人大通过的《中华人民共和国义务教育法》中规定："义务教育必须贯彻国家的教育方针，努力提高教育质量，使儿童、少年在品德、智力、体质等方面全面发展"，虽然没有明确提到美育，但对于教育提出了更高的要求。

在美育的宏观政策发展过程中，以下三个文件具有重要指导意义。

一是 1999 年，国务院发布的《关于深化教育改革全面推进素质教育的决定》。该《决定》特别指出"美育不仅能陶冶情操，提高素质，而且有助于开发智力，对于促进学生全面发展具有不可替代的作用""要尽快改变学校美育工作薄弱的状况，将美育融入学校教育全过程"，教育要"造就德、智、体、美等全面发展的社会主义事业建设者和接班人"，"实施素质教育，必须把德育、智育、体育、美育等有机地统一在教育活动的各个环节中"。该《决定》明确要求"学校教育不仅要抓好智育，更要重视德育，还要加强体育、美育、劳动技术教育和社会实践，使诸方面教育相互渗透、协调发展，促进学生的全面发展和健康成长"。

二是 2013 年颁布的《中共中央关于全面深化改革若干重大问题的决定》。迈入 21 世纪以来，我国经济、社会、文化、教育等各项事业高速发展，人民受教育水平显著提高，人们对更高层次教育的追求更加迫切。党的十八大在新的历史机遇下总结"要努力办好人民满意的教育，全面实施素质教育，深化教育领域综合改革，着力提高教育质量，培养学生的社会责任感、创新精神、实践能力"。为贯彻党的十八大精神，做好教育改革创新工作，2013 年 11 月，十八届三中全会通过的《中共中央关于全面深化改革若干重大问题的决定》明确提出了要"坚持立德树人，加强社会主义核心价值体系教育，完善中华优秀传统文化教育"，同时也提出了"改进美育教学，提高学生审美和人文素养"的具体工作要求。《国家中长期教育改革和发展规划纲要（2010—2020 年）》明确要求把培育和践行社会主义核心价值观融入学校美育全过程。在新的历史阶段制定的这些美育政策，强调了美育要满足人民群众对更高层次美的追求，要能培养学生高尚的道德情操，在落实立德树人根本任务上发挥重要的作用；要把社会主义核心价值观融入学校美育教育全过程，教育引导学生形成审美表现力、审美欣赏力和审美创造力，发挥美育的综合育人功能；要能弘扬和传承优秀中华传统文化，能深入挖掘优秀传统文化中丰富的美育资源，传承民族文化基因。2017 年召开的党的十九大宣布中国特色社会主义进入了新时代，开启了全面建设社会主义现代化国家新征程，因此也需要在美育政策上做相应调整，在课程、师资、管理、评价、督导等方面建立全方位的体系，不断适应新形势的发展要求。

三是中共中央、国务院 2019 年印发的《中国教育现代化 2035》。该文件中也指出"遵循教育规律，坚持改革创新，以凝聚人心、完善人格、开发人力、培育人才、造福人民为工作目标，培养德、智、体、美、劳全面发展的社会主义建设者和接班人"。2020 年 10 月，中共中央颁布了《关于制定国民经济和社会发展第十四个五年规划和二〇三五年远景目标的建议》，其中提到"到本世纪中叶把我国建成富强民主文明和谐美丽的社会主义现代化强国……人民生活更加美好，人的全面发展、人民共同富裕取得更为明显的实质性进展"。党的十九大报告中强调"我国社会主要矛盾已经转化为人民日益增长的美好生活需要和不平衡不充分的发展之间的矛盾"，以及"要全面贯彻党的教育方针，落实立德树人根本任务"。这些文件中都出现了如下关键词——"和谐""美好""立德树人""五育融合""全面发展"，我们的任务就是把这些关键词代表的美育精神以及党的教育方针落地、落实、落细。

德、智、体、美、劳"五育"的现状是"长于智、疏于德、弱于体美、缺于劳"。其中"弱于体美"是指相对于其他各育方面，美育在德、智、体、美、劳中是相对较弱的，美育在资源配置、政策推动等方面还有不足，包括教师队伍、资源保障等各个方面也有不足。正如教育部部长陈宝生在 2018 年 12 月 10 日在学校体育美育贯彻落实全国教育大会精神推进会暨全国青少年校园足球工作领导小组第四次会议上的讲话中讲到的那样："我们要重新认识体育美育的价值、功能和作用……美育对于丰富德育、增进智育、促进体育、改善劳育具有重要作用。"

（二）具体美育政策的发展

1981年4月17日，教育部颁发《全日制六年制重点中学教学计划（试行草案）》规定："音乐课，使学生热爱祖国的音乐艺术，接触外国的优秀作品，掌握基本的音乐知识和技能，初步具有唱歌的能力和对音乐的感受能力、审美能力"，"美术课，使学生初步掌握美术的基本知识和技能，培养学生对自然美、社会生活美和艺术美的感受、爱好和初步的审美能力"。

《全国学校艺术教育总体规划（1989—2000年）》（以下简称《总体规划》）由原国家教委于1989年制定发布。《总体规划》是全国第一个关于学校艺术教育的纲领性文件，是中国第一个发展性美育政策，规划的主要内容包括我国在今后很长一段时间内美育改革和发展的总体要求、美育和艺术教育的主要任务等，希望促进提升我国艺术教育的水平。《总体规划》对于宣传美育思想，提高对美育和艺术教育的认识，唤起社会有关机构和人员的关注和支持以及促进学校艺术学科的教学和教材建设，起到了重要的作用并取得了明显成效。《总体规划》在前言中也明确指出"我国学校教育的根本任务是坚持为社会主义建设服务的方向，培养德、智、体、美、劳各育全面发展，有理想、有道德、有文化、有纪律的一代新人，提高全民族的素质。艺术教育是学校实施美育的主要内容和途径，也是加强社会主义精神文明建设、潜移默化地提高学生道德水准、陶冶高尚的情操、促进智力和身心健康发展的有力手段。艺术教育作为学校教育的重要组成部分，具有其他学科教育所不可替代的特殊作用"。这段话明确指出了美育是全面发展教育的组成部分，艺术教育是学校美育的主要内容和途径，美育作为其他各育的辅助手段的多重价值，对此后的美育发展起到了极强的导向作用。美育的三重价值理论也导致了非艺术领域美育实践的盲区产生以及过多强调美育的辅助作用等负面影响。2000年12月24日至26日，山东省青岛市教育部组织召开了全国学校艺术教育工作经验交流会，对《总体规划》实施以来的经验教训进行总结，同时也讨论了《学校艺术教育工作规程（征求意见稿）》。《全国学校艺术教育发展规划（2001—2010）》（以下简称《发展规划》）于2002年5月13日正式颁布实施。鉴于《总体规划》实施过程不尽如人意，《发展规划》更多地采用了定量描述的方法。《发展规划》指出，"从新世纪开始，我国已进入加快推进社会主义现代化建设的新阶段……切实加强学校美育工作，是当前全面推进素质教育，促进学生全面发展和健康成长的一项迫切任务。学校艺术教育是学校实施美育的主要途径和内容。"《发展规划》仍然沿用"学校艺术教育是学校实施美育的主要途径和内容"的观点，但同时表明美育在促进国家竞争力发展中具有一定意义。《发展规划》在美育的主要任务中指出，"学校艺术教育要以全面推进素质教育为目标，以深化课程教材改革为核心，更新教育思想和教育观念，大力改革教学内容和教学方法，使学生在学习艺术基础知识和基本技能的同时，注重培养爱国主义精神和集体主义精神，培养创新精神和实践能力，提高审美能力和文化素养，开发自身的潜能，促进学生全面和谐发展"，它既强调了美育对其他各育的辅助价值，也突出了美育的独立性作用。

党的十八届三中全会提出"改进美育教学，提高学生审美和人文素养"，为深入贯彻落实这一精神，教育部于 2014 年 1 月 10 日颁布了《关于推进学校艺术教育发展的若干意见》，该《意见》指出"艺术教育能够培养学生感受美、表现美、鉴赏美、创造美的能力，引领学生树立正确的审美观念，陶冶高尚的道德情操，培养深厚的民族情感，激发想象力和创新意识，促进学生的全面发展和健康成长。落实立德树人的根本任务，实现改进美育教学、提高学生审美和人文素养的目标，学校艺术教育承担着重要的使命和责任，必须充分发挥自身应有的作用和功能"，强调了艺术教育在美育中的独特作用和功能，对建立学校艺术教育工作机制，建立学校艺术教育体系，促进学校艺术课程和艺术活动开展，完善学校艺术教育保障机制，促进学校艺术教育规范发展起了重要作用。为了与之配套，教育部随后印发了《中小学生艺术素质测评办法》等文件。

2015 年 9 月 15 日，国务院办公厅发布了《关于全面加强和改进新时代学校美育工作的意见》，这是新中国成立以来第一部专门部署学校美育工作的系统性文件，共五个部分二十一条，是一段时期内国家美育工作的行动指南和工作日程，是关乎每一个美育工作者具体工作方向的纲领性文件。该文件指出"美育是审美教育，也是情操教育和心灵教育，不仅能提升人的审美素养，还能潜移默化地影响人的情感、趣味、气质、胸襟，激励人的精神，温润人的心灵。美育与德育、智育、体育相辅相成、相互促进"。美育的指导思想是"全面贯彻党的教育方针，以立德树人为根本任务，落实文艺工作座谈会精神，按照《国家中长期教育改革和发展规划纲要（2010—2020 年）》的要求，把培育和践行社会主义核心价值观融入学校美育全过程，根植中华优秀传统文化深厚土壤，汲取人类文明优秀成果，引领学生树立正确的审美观念，陶冶高尚的道德情操，培育深厚的民族情感，激发想象力和创新意识，拥有开阔的眼光和宽广的胸怀，培养造就德智体美全面发展的社会主义建设者和接班人"，该《意见》对美育课程体系、美育教育教学、统筹整合学校与社会美育资源、保障学校美育健康发展等方面做了明确规定，要求开发建设以美育为主要内容的体艺特长类课程，丰富美育教育的内容和形式，在师资力量上要求配足配齐配强学校美育教师。教育部通过发布的《中小学生艺术素质测评办法》《小学音乐教学器材配备标准》《学校体育美育兼职教师管理办法》《关于切实加强新时代高等学校美育工作的意见》等文件以及在教育部体育卫生与艺术教育司的年度工作要点上一步步跟进落实。

国家在不同阶段制定的美育政策与国家宏观发展政策紧密相关，与宏观教育政策紧密相关，与国家领导人执政理念紧密相关，是全面推进学校美育工作的指导方针，推进着学校美育综合改革不断向前发展。总而言之，美育政策的制定坚持新时期德、智、体、美、劳全面发展的教育方针，将德、智、体、美、劳的相关政策进行联系、相互融通，形成整体性、系统性的教育政策体系；美育政策的制定应坚持立德树人的根本导向，坚持培养社会主义核心价值观，突出美育的独特功能和专业性取向，构建融入学校教育全过程的美育；美育政策的制定要遵循美育基本内在规律，打破美育对艺术教育的路径依赖，在规定艺术路径美育政策的同时也要规范非艺术领域的美育政策规范；要注意加强学校层面的美育政策出台，推进学校美育过程规范化，避免出现不同的教育者有不同的美育政策和观念，具体的美育做法可以不同，但美育政策应该是统一的、贯通的。2019年12月13日"中国学生发展核心素养"课题组研究成果在京发布，该成果认为在培养学生核心素养上要着重培养学生的"审美情趣"和"人文情怀"，这是对党的十八届三中全会在"深化教育领域综合改革"部分特别强调"改进美育教学，提高学生审美和人文素养"精神的具体落实，也说明了美育是实施素质教育的重要内容，是学生全面发展的重要因素。这一系列政策文件为我们改进美育教学工作指明了方向，意义重大，影响深远，对促进美育在学生发展、人的全面发展中的功能与作用，全面提升美育层次和水平，不断满足人民群众对美的不断增长需求具有非常重要的意义。

第二章　当代中国美育研究现状与小学美育校本课程的提出

第一节　当代中国美育研究现状

一、当代中国美育研究综述

为深入了解中国美育研究的现状，笔者对近 20 年中国美育研究的文献资料进行检索和梳理，通过文献关键词"美育"进行检索，首先，在中国知网（www.cnki.net）对 20 年来的有关文献进行了检索并梳理了出来；同时，对中国国家图书馆资源进行了数据采集，以掌握 20 年来美育研究的出版情况。笔者将 20 年来出版的 322 部专著、3126 篇论文划分为七大类，采用统计学方法对其进行采集和归纳分析，梳理中国美育研究的发展脉络和趋势。经过对近 20 年的论文和著作的梳理和检视，发现涉及的主要论题有六个方面，即中外美育思想史研究、高校艺术教育研究、美育在素质教育中的地位、美育的功能研究、美育的理论研究、美育具体实施研究。

从专著方面看，包括中国美育思想史、西方美育思想史和马克思主义美育思想史三大主要内容。美育思想史专著的写作范式表现为以美学思想史为蓝本，分别阐明每一位美学家的美育思想。在此类专著中凸显出古今教育的差异。中国古代的美育思想以讨论儒、道两家思想为主，而近现代美育思想的争论焦点在梁启超、蔡元培和王国维身上。西方美育思想则重点在席勒的《美育书简》上。梁启超的趣味教育论开启了中国美育的道路，同一时期的王国维基于西方哲学的

"知、情、意"三分法提出全面发展的教育观，蔡元培基于当时的西方教育发展成就与中国国情提出了美育的制度化。

在近 20 年间，特别是近 10 年间，涌现出了大量探讨有关美育实施的管理机制、课程设置、教材教法、师资建设等问题的论文。如凡木的《高等艺术教育管理科学化的重要标志》，嬴枫的《关于高等艺术教育管理工作的思考》，朱琦的《提高质量、规范管理，适度发展艺术学科的研究生教育》，钟宏桃的《高等艺术教育引入柔性管理的几点设想》，孙传辉、孙春波的《需要层次理论在艺术院校学生教育管理中的运用》，李都金的《全面质量管理理念在高等艺术教育质量管理中的运用》，马振庆的《关于高等艺术教育学分制教学管理若干问题的思考》，沈履平的《高校艺术类大学生的个性特征及教育管理思考》，郭晗、郑华的《高等艺术教育和谐管理机制研究》……在专著出版方面，有李甲奎、刘如文的《学校美育管理引论》（科学出版社，1997 年）和李金福的《艺术教育管理学》（云南大学出版社，2004 年）等。遗憾的是这些论文与专著只涉及高校领域。

关于美育研究现状的文献涉及青少年美育特点、美育功能、美育理论、美育现状等多个方面。

关于青少年美育心理特点的文献，主要内容可以概括为以下三个特点。①青少年普遍追求美。2016 年《中国青年报》社会调查中心通过对 2000 人进行的在线调查表明，71.0% 的被调查者认为所在学校对美育的重视程度有所提高。物质生活的日益丰富，促使青少年对美的追求越来越高，主要表现在三个方面：青少年天性有对美的追求。"最美青春，青年最美""不要辜负最美的时光""青春最美，美哒哒的生活和爱情""在最美的时光遇见你"等，反映了青少年对美有自己独特的见解。我们通过"最美中国""最美乡村""最美乡村教师""最美青年科技工作者"等活动促使青少年去寻找时代美的楷模，激发青少年追求与创造时代要求的美。青少年的网购消费热衷与产品选择展现了青少年对美的追求。中国超过 1 亿的网购人群中就有 83% 是 16～32 岁的年轻人，他们的网购产品以服饰、化妆品及美容产品为主，这些产品就如一根魔棒，给青少年带来美的愉悦和享受，改变了人们的视觉效果。青少年"整容热"现象也反映了其对美的追求。青少年美容已经成为一个颇受关注的话题。《浙江在线》曾经对温州市人民医院整形美容手术对象进行调查，发现其中七成整容者是 30 岁以下的"小年轻"。②青少年中存在美丑不分现象。美不仅仅有形象美，也有心灵美、人格美、品德美等内容，这些内容是相互融通、相互统一的。但青少年对美的鉴赏能力一般，甚至存在美丑不分的现象，主要表现为盲目崇拜和模仿。有的青少年学生盲目崇拜影视演员和足球运动员，对其他领域的优秀人物反而嗤之以鼻；有的甚至还崇拜社会上的黑老大，对美的理解畸形发展。如果一个时代美丑不分或以丑为美，那将导致"网丑"现象泛滥。青少年之间还存在盲目攀比的现象。有些青少年之间比家庭条件，比穿戴时髦，而不是比成绩、品德、能力，以至于个别青少年学生浓妆艳抹，穿着奇装异服，甚至导致"整容失败"的悲剧。青少年还存在对"颜值"过度关注的现象，"颜值社交""看脸的世界"等词语在青少年中颇为流行，有的青少年甚至沉溺美颜自拍中不能自拔。③青少年美育中的功利化现象。功利化观念渗入到青少年美育中，主要表现在以下方面。一些学校重视开展美育活动是基于物质或名誉。学校倾心组织筹划美育比赛是为了参加上级组织的比赛和评估，或者是为了获取商家的高额赞助费，或者是为了增加学校的收入，完全脱离审美教育的初心。一些家长和学生通过拼命发展美育求升学，过度追求成绩和专业技能教育，实际上并不理解美育的内涵。家长让孩子上很多艺术辅导班的最初目的不是为了培养孩子心灵美、道德美，而是让孩子获得加分和升学优势。青少年受广播电视、报刊、大街小巷等时尚广告宣传中的审美快感影响颇深，导致他们价值取向的世俗化、功利化，缺乏精神追求，甚至产生各类心理障碍和心理疾病。

关于美育功能研究，包括的电视剧、学科课程、校园文化、档案管理、学校教材、影视评论等形式都包含了丰富的美育功能，其中关于艺术教育的美育功能论述最多。多数研究认为艺术教育的育人功能主要表现为提高学生的音乐鉴别能力，提高学生的审美层次，提高学生的审美体验能力，艺术教育的社会功能主要表现为个体性功能、环境性功能和实践性功能等三个方面。

20世纪80年代以来，我国关于美育的理论研究主要呈现为三个不同的流派（丁奕、何土凤，2016），分别是：①审美发展论。以杜卫为代表，认为美育不是要规范人的行为，其主要任务就是要促进人的审美心理结构的转变，变得成熟，具有活力和创造力，以实现人的全面发展为最终目标。②文化批判理论。这个流派以姚文放、肖鹰等为代表。该流派认为，为应对大众文化对美育带来的冲击，新时代的美育要以培养具有新时代的文化品德的人为目标，新时代的文化品德包括价值观念、道德品质、人格结构、精神个性等，强调审美教育对人的理性思维能力培养的价值与作用。肖鹰认为大众审美文化导致了教育对象片面的感性解放，但却使得当代人文精神和自我意识的双重失落，其根源就在于美育功能研究的滞后与对现有艺术教育功能的过度认知。③"中和美育论"和审美生存论。以曾繁仁为代表，认为传统教育理论更侧重于美育的对象与手段，对美育的具体与整体特征缺乏深入的思考与把握。美育的根本目标是塑造人们和谐的人格，培养审美的人生观，从而实现人与自然的和谐相处。

关于美育工作现状的研究，作为全面素质教育的组成部分，美育工作呈现出良好的发展势头，各地和各学校积极探索，积累实践经验（孙勇、范国睿，2018）。特别是党的十八大以来，美育在我国学校育人的导向作用更加凸显，绝大部分学校都开设了音乐、美术课程，艺术专任教师数量增加了一半以上，高雅艺术进校园活动逐渐开展。这些美育工作经验可总结为以下几个方面：①构建科学的美育课程体系。开齐开足开好美育课程是各类美育政策的基本要求，所有课程要遵循课程设置方案和课程标准、教学指导纲要的要求。经济相对发达地区不仅要开齐美育课程，还要在中小学增设舞蹈、戏剧、戏曲和影视等课程，有些地区开设了具有民族特色、地域特色的地方美育课程和校本美育课程；有些地区开设了美育远程教学网络课程资源。②加强学校美育资源保障支撑，主要是美育课程、美育师资和美育装备三个方面的保障。有的地区要求将教师培训经费的10%用于艺术教师培训，并向农村资源薄弱学校倾斜；有的地区制订了师资补充和艺术器材配备年度目标计划表；有的地区投入专款为农村地区或资源薄弱中小学校配备音乐和美术教学设备。③完善学校美育评价机制。根据国家中小学生艺术素质测评工作方案，各个地方积极研究制定地方性的学生艺术素质测评工作方案，一些地区积极筹划将艺术素质测评成绩纳入中考。④充分利用信息化手段破解美育困境。各个地区普遍以现代信息手段为支撑，建立起资源数据平台，建立中小学生艺术素质测评大数据库，并自动生成中小学生艺术素质成长档案。通过这样的平台，学生查询本人艺术学习记录和成绩，学校和教育行政部门也可以全面了解学生的学习情况，并提供指导、管理和有针对性的服务，实现美育工作全方位、全过程管理。

20余年来，中国美育研究取得了显著成就，理论与实践方面都有新的建树，尤其是在有关美育的本质、功能等理论命题的研究中，越来越多的学者表现出对人的生存状态的关注。但我国中小学美育长期处于"薄弱"地位，对美育在广大中小学中实践问题的研究十分薄弱。目前，国内各学校的美育探索更多集中在以下几个方面：①偏重于学校美育环境打造和美育文化构建，比如北京市东城区新鲜胡同小学等；②偏重于对艺术教育和艺术课程的建构，如大连沙河口区格致中学、沙河口区实验小学等；③以美育校本课程作为重点，如上海市静安区蕃瓜弄小学等。但国内目前用"四全"美育观（全时空、全员参与、全课程、全学科）、"两化"策略（国家课程的美育校本化和校本课程的美育特色化）整体构建美育的教育实践并不多见，形成实践经验成果更不多见。更重要的是，在解决"融合五育"的"学科育美的路径与方法""学生美育成长评价"难点上，国内成功的经验更是少之又少，目前见诸发表的成果鲜见。

二、当代中国美育课程研究综述

2020 年 10 月，中共中央办公厅、国务院办公厅印发《关于全面加强和改进新时代学校美育工作的意见》，认为美育的主渠道在课程，通过审美素养校本课程能更好地培养学生的审美能力，促进核心素养的发展，进而培养完整的人，引导人更美好更有尊严地生活。因此，审美素养校本课程的构建应该基于人的发展，基于学生发展所必备的品格和关键能力。关于美育课程研究现状包括美育课程体系设置、学校课程的美育实施途径、学校美育发展以及小学美育现状研究等几个方面。

关于美育课程体系研究，既包括课程体系的理论研究，也包括课程体系的实践研究。在美育课程体系的理论研究方面，西南大学赵伶俐教授（1993）认为美育与德育存在内在联系，都从属于精神教育这一总体。美育课程应由知识价值观和美育能力两个课程体系构成，在相互联系、相互促进中由初级向高级逐渐发展。两个课程可以分为四个系列，分别是：审美基本知识和审美价值观念教育、审美心理素质与能力训练、美的自我塑造教育、美的表现和创造技法训练。任何美育课程设置都可以分配到这四个系列中去，音乐、美术课应在对教学内容、方法进行调整以后纳入审美基本知识和审美价值观念教育与美的表现和创造技法训练中，学校开展的课外美育活动在标准化以后也可以分到四个系列中去。关于美育课程体系的实践研究方面，曹杨实验小学（杨金芳、周洁琦，2013）生态美育校本课程开发的内容大致分为三个板块：学科渗透探索（基础型课程）主要是国家课程校本化的做法，在语文、英语、音乐、美术等国家规定课程中实施美育；主题活动（拓展型课程），小学各门主干学科课程和校外大课堂，都可以作为提供生态美育的资源平台；校本教材（探究型课程），设置四个篇章，分别是生命之树、艳丽之花、林中精灵、和谐家园，每个年级都设置相同的四个篇章系列，并且自成梯级发展系列，有助于学生知、情、意的均衡、协调发展。江苏省无锡市蠡园中心小学（尤吉，2018）根据"美，让每位师生适性发展"的核心办学理念，提出了"134"美育课程体系，其中"1"指构建一个审美化课程体系；"3"指形成三个课程类型，即形成"基础性国家课程""发展性校本课程"和"助力性隐性课程"；"4"指研发四种课程形态，即推进"基础性国家课程"中的"审美感受的学科拓展课程"和"审美理解与体验的学科协同课程"，"发展性校本课程"中的"审美表现或创造的主题活动课程"以及"助力性隐性课程"中的"审美熏陶的文化氛围课程"。当然，还有其他学校着眼美育课程体系的研究。如青岛41中在美术特色基础上，积极打造"以美育人"特色文化；上海市金山区石化五小"美育"课程以"乐器演奏""跳绳"和"线描画"等特色项目为抓手，夯实了学生艺术底蕴，开发学生的内在潜能。

关于学校课程的美育实施途径，其核心途径定是课程，李静、蔡春认为（2015）实施美育的主要途径有：依据美育的内在规定性建构不同层次、不同阶段的美育目标，可从审美教育、性情教育、中华民族文化传承等方面美育的目标去规定课程；合理规划并多维度开发美育课程，包括将美育纳入不同阶段的国家规定课程体系中去，有针对性地进行适度的美育课程开发等；推行有效的学校美育特色专项评价，包括学校美育课题的评价、美育专项评估。

关于中小学美育发展路径，谢翌、赵方霞（2020）通过对其中美育课程的目标、内容、实施和评价等方面进行梳理后认为美育发展过程表现出如下特征：从美育课程的内涵上看，表现出从"元美育"到"小美育"再到"大美育"的过程；在美育课程的功能定位上，经历了从培养儿童的一般素养到全民核心素养的过程；就美育课程立场上，经历了从儿童本位、社会本位发展到个体—国家—社会并重的立体化取向。美育课程发展的逻辑过程启示我们，要超越狭隘的以美的知识与技能为主旨的"小美育"走向关注美的素养的"大美育"，走向艺术美育的定位构建立体化、全方位的大美育，超越特长本位的美育课程价值回归"全人化"的美育课程建设。

在小学美育现状研究方面，欧阳修俊、林艳萍（2020）对小学美育课程实施现状进行梳理后认为，因应试教育观念根深蒂固致使小学美育课程设计不完整、不充分的发展，因美育课程在教学实践中与德育相分离导致小学美育课程实施进入不和谐、不融通的畸形发展，小学美育课程评价陷入不自由、不多元的单向度发展，致使作为促进小学生全面发展主要方式的小学美育课程建设存在诸多不足，影响学生综合素养的有效形成。为了克服这些不足，建议建构科学化小学美育课程体系走向全面发展，推进整合性美育课程实践步入和谐健康发展轨道，构建发展性美育课程评价机制，实现自由多元发展。

近年来，美育虽得到了一定程度的重视，但是，在整个中小学教育体系中仍未占据应有的位置，对于美育功能传统的、非全面深入的认识势必会导致人们对于美育的忽视和轻视。目前，来自具体实践的行为研究比较欠缺，也缺少针对小学校园审美文化建设而开展的研究和系统论述。与此类似的有"校园环境建设"和"校园视觉文化环境设计"两种论述，研究对象主要是大学或中学，研究内容侧重于从专家角度分析物质文化形象的设计方法。

综观当下中国基础教育中开展的美育或基于审美素养的校本课程，绝大多数都存在着观念狭隘、内容狭窄、途径单一的缺陷。我们认为美育不应该局限于艺术领域，美学的基本理论告诉我们，美包括了自然美、社会美、艺术美。因此，基于学生审美素养的校本课程开发，应跳出美育仅指向艺术教育的狭隘认识，应纳入更全面的内容，设计基于人的全面发展的审美教育校本课程，走向更全面的人的审美素质的培育。

目前尚无从美育"四全"（全时空、全员参与、全课程、全学科）的大美育观着眼，以学生发展的核心素养开展的美育课程研究，从这个点切入的研究还有待开发的区域。而苏联的马卡连柯主张美学应贯穿到人的生活和教育的各个方面，认为美好生活"就是和美学联系起来的那种生活"，美育就是联系美学并符合美的规律的教育。他还特别强调美育应寓于德育、智育、体育、劳动教育之中，提倡德、智、体、美、劳的全面、和谐发展。美育不仅是开几门艺术课程，还应从保持和谐的学习环境，开展丰富多样的课外活动，保持整洁美的仪表，培养文明的行为习惯等方面全面实施。

第二节 现代中国美育工作中面临的问题

对美育本质问题的探讨会触及真正的美学观，不同人可能有不同的回答，如美育是德育，是艺术教育，是感性教育，是审美教育等，但迄今为止没有一种观点为大家所公认。因此，需要以马克思主义理论为指导，探讨美育理论。如果把美学看作哲学的最高层次，而不仅仅是从一门课程去探讨、去认识，人们才会自觉地把美育作为一种教育理想、一种教育境界去追求。事实上美育不仅是求真的教育，美育还追求益，更追求善，总之就是随着世界文明进步而不断求好，就是求美，进而达到"臻美"的境界。由于美育观的差异，在美育工作实践中虽然做出了种种努力并取得成绩，但由于对美育的认识局限、实践经验等的限制，学校美育工作仍然存在一些工作上和认识上的误区，造成学校美育工作面临一些困难和问题。

一、当前学校美育认识的几个误区

（一）美育即情感教育

这种观点认为，美育即情感教育。其理论来源可追溯到康德的知、意、情与真、善、美对应的三足鼎立说。康德认为无论情感的作用有多大，它都是外界刺激作用于人的感官后产生的积极或消极的心理体验。外界刺激是客观的，但人在接受美的刺激后，会不会产生美感的肯定情感体验受到多方因素的影响。美能动情，但能让人动情的外界刺激未必就是美。真、益、善的刺激能使人动情，如科学家可以为真理而献身，就产生了美感。关于审美情感有四点关键认识。首先，审美情感具有一定功利性特征，凡是有利于自己价值观需要的就产生美感体验，相反就产生恶感体验。其次，审美情感要合乎道德。审美情感与人的道德品质紧密相连，它可以用来评价人类的善和恶、正义和非正义、公正和偏私、诚实和虚伪等道德现象，因而要涉及人与人、人与社会乃至人与自然之间的"利害关系"，产生正义与邪恶、正面与反面阵营。再次，审美情感离不开认识。任何审美情感的产生都是基于对审美对象的认识，因此美感体验本身就包含了注意、感觉、记忆、想象、思维等认知因素，也包含了意志行为因素。最后，审美情感更基于实践。任何审美情感都是审美实践的产物，只有在实践中才能产生情感体验。因此审美情感与科学认知、功能价值、社会规范相关联，还与人的创造力、直觉紧密相连。处理好教学、科研、生产三者之间的关系，不是单凭热情，也不是情感教育就能做到的，需要去优化教育的内外结构，使教学内容、教学手段、教学形式有机结合形成整体，成为一个富有艺术魅力、充满美的动态循环过程。

（二）美育就是艺术教育

有人认为美育就是艺术教育的同义语，因为美育主要是通过艺术教育的方式进行的，没有什么途径比艺术教育更能有效地培养人感受美、鉴赏美、创造美的能力以及塑造人格、美化心灵的作用。在这种观念影响下，美育被认为是写字画画、唱歌跳舞之类的事情，被局限在艺术教育范畴之内。

艺术教育的功能价值主要体现在情感、智力、技术以及创造等方面，艺术教育是学校美育的核心内容和主要途径，但艺术教育不能等同于美育，这种把两者混同起来的错误认识忽视了人发展的整体性、全面发展教育的整体性。二者的区别主要表现在三个方面。第一，二者的学科范畴不同。艺术教育主要通过人的感官和情感活动，促进人际关系，丰富人们对主客观世界的感悟，属于感情教育范畴。美育更多的是一种哲学范畴，它包含了情感，但又超脱于情感，是对物质世界、精神世界与人的伦理、情感、意志等各个领域紧密沟通的更高层次境界，是一种理性文化教育。第二，二者的教育内容有差异。艺术教育既有知识技能，也有技术、智慧、意志等教育内容，主要形式包括绘画、舞蹈、戏剧、影视、书法及文学等。美育更具有哲理性和思辨性，它主要培养学生的审美观点、审美情感、审美道德等内容。第三，二者在教育方式上有差异。美育主要通过普遍性的、高度统一的教育方式培养学生理想社会需要的人格或者受教育者自然素质之外的各种特质。而艺术教育则要根据学生的个别差异因材施教，通过艺术知识技能的掌握，丰富和发展人的感性认识，促进人的全面和谐发展，为美育、德育、智育等服务。美育不仅是艺术教育，还是情感教育、人格教育、意志教育以及审美教育，将美育误认为是美术教育，一方面降低了美育应有的价值，另一方面也加重了美术教育的负担，人们会把美育的全部重担都压在艺术教育肩上，对艺术教育提出过度要求，反而不利于艺术教育的发展。美育的意义不仅体现于艺术教育上，更体现于内在的修养中，包含知识技能修养、审美修养与人文素养中的深层次内容，影响一个人整体的精神面貌以及情感、趣味与气质。

（三）美育就是德育

作为整体教育的一部分，美育的目的仍然是育人，美育功能中有促进学生道德发展的内容，但美育只是从人的感性方面促进道德发展，并不等同于德育。但一些人和一些中小学在认识上和实践中陷入将美育等同于德育的误区，甚至把德育作为美育的主要目的，认为美育主要是促进学生的道德发展，如在评价美育效果时主要看学生是否遵守纪律，是否做好人好事，是否有集体意识，是否能够相互帮助、尊敬师长、团结同学等。

基于德育与美育关系认识的历史发展进程看，从把美育看作德育的一种手段，发展到将德育与美育并立的一种教育形式，分析两者的关系可以看到两者之间的联系和区别。一方面，德育和美育在人的全面发展教育体系中各自具有不同的功能。一个全面发展的人应该是真、善、美的和谐统一，德育在其中主要求"善"，美育主要求"美"，这必然是受教育者在德、智、体、美、劳等方面得到全面发展的结果，最终形成真、善、美和谐统一的理想人格。美育求"美"的教育功能主要是通过审美实践陶冶情操、美化心灵、丰富精神生活，提高人们的审美欣赏力、审美表现力和审美创造力。而德育求"善"的教育功能主要是影响受教育者的信念和意志，趋善避恶，培养高尚的道德观念和道德品质，树立科学的人生观、价值观和世界观。同时，美育以美启智，通过鲜明的形象启迪智慧、增长知识，培养人的形象思维能力。德育以善求真，通过明理求真，进行思想、政治、道德的教育，让人们学会用正确观点认识世界和改造世界，树立正确的人生观、价值观和世界观，坚定共产主义信仰。另一方面，德育和美育的途径与方法有差异。德育晓之以理，通过说服、教育疏导、表扬批评等方式显性、隐性影响受教育者的信念和行为，传播科学理论和正确观念。而美育则侧重动之以情，主要通过具体行为陶冶、感染、潜移默化影响人的情感和观念，以情动人达到教育目的。德育允许采取灌输的方法，以说教为主；而美育则相对自由、自然地启发人的情感，无须做说服动员，更不用强迫命令，甚至可以采用娱乐的形式，如通过美的形象的渲染，寓教于乐，达到美的享受。

德育的目的是使受教育者达到"至善"，美育的目的是使受教育者达到"至美"，德育与美育都是对受教育者的情感、人格等精神世界产生影响，培养造就一代共产主义新人。德育和美育是内在统一的，"善"与"美"不可分割，"美"是"善"的外在显现，"善"是"美"的本质内涵。中国古代伟大教育家孔子强调"君子成人之美，不成人之恶"，主张"美"与"善"的统一；今天我国提倡的"五讲四美"中的心灵美、行为美以及社会主义核心价值观中的友善与爱国、敬业、诚信等讲的都是善。在全面发展教育体系培养社会主义新人过程中，德育和美育是相辅相成、有机统一的。

（四）美育是美学知识的教育

有人认为美育是美学知识的教育，存在"美育就是美学教育"，美育是"美学与教育学的融合，是美学在教育中的贯彻和运用"等观点，甚至连《中国教育百科全书》都将美育说成是"美学教育"，这些观点都单纯地将美学知识的教育看成美育。美育在中国悠久的历史文化长河中源远流长，春秋时期孔子提出的"兴于诗，立于礼，成于乐"就包含了美育思想。但那时受到"学而优则仕"思想的影响，只有鸿学巨儒、山道野僧等才能对美学思想进行探讨，普通百姓很难涉足。在当代，人人都享有受教育的权利，人们对美的追求以及美对人的影响更加深刻，美学知识的普及是一种历史潮流，是提高国民素质、增强综合国力的重要手段和途径。但如果因此将美学知识教育等同于美育则失之偏颇，容易产生认识误区。首先，美学是关于美这一门学科的知识，美育不仅是关于美的知识的实际运用，更是对美个别现象的抽象表达，不仅指向具体生活，更会影响人的心灵和行为。其次，美学教育是实施美育的重要手段，但不是唯一手段。美学是专业性、理论性都极强的学科，它自身的普及都非常艰难，更不要说作为普遍实施美育的手段，如果将美育放在高高的圣殿之上，必将丧失生机与活力，所以美育不能与美学知识教育相混淆。

（五）美育是审美能力的教育

苏联教育家凯洛夫认为"美育是要培养对艺术的美、社会生活和日常生活习惯的美、大自然的美的充分感受和正确理解能力，培养爱美和创造性地美化周围现实的能力"，西南大学刘兆吉老先生认为"美育是培养学生审美、爱好美和创造美的能力的教育"，这些观点似乎认定美育就是培养学生审美的能力。审美在含义上可以包括感受美、表现美、欣赏美、创造美等内容，美育就是要培养学生的审美欣赏能力、审美表现能力和审美创造能力。审美欣赏能力就是通过感官接收信息，在大脑皮层加工处理，然后将加工过的信息传送到身体其他系统的一种能力，其加工过程包含想象、创造、思维、体验等环节。审美表现能力就是把加工的信息、体验到的东西，通过某种可操作形式表现在身体之外的一种能力。审美创造能力就是审美欣赏、审美表现的融合的一种能力，即进行与众不同的结合从而产生新的形式与表现。但这种观点容易单纯地强调审美，为审美而审美，容易忽视丑、幽默、荒诞、崇高、悲剧等概念应有的审美功能和作用，并导致美育基本内容的单调和贫乏，造成学生思维的狭隘、审美能力的软弱。无论在什么领域，审美都是系统、全面、深入的，绝对不是单一、孤立的存在。美更不是孤立的存在，崇高与渺小、幽默与严肃、美丽与丑恶、荒诞与正经等审美概念处处、时时都是交互存在的，它们相互作用、相互转化，构成了复杂、多元的审美系统。如果将美育与审美能力教育混同起来，人们在面对复杂、多元的审美现象时会变得软弱无力，崇高不能战胜渺小，美丽不能战胜丑恶，甚至导致真理与谎言、荒诞与正经的严重混淆，不符合全面系统性的审美实践，也不利于培养学生全面的审美素养。

二、当前学校美育实践中面临的主要问题

（一）应试教育带来的美育功利化问题

长期以来，应试教育对美育实践产生了深远影响，学校美育实践存在功利化和技艺化倾向问题。这种倾向明显忽视了美育的情操教育、人格教育，仅考虑美育带来的名和利，着眼于为艺术领域培养、输送专门人才，带有明显的功利意识，轻视或忽视美育的育人功能问题。具体表现为学校的美育一味地模仿专业艺术教育，强调知识与技能化教学过程，没有凸显出美育的特点。学校和家长想方设法为孩子创造一些有利条件，片面强化音乐和美术等课程技能训练，艺术知识与技能的掌握成了美育的主要目标，学生的情操教育、心灵教育、人文和审美素养教育被枯燥的知识学习与技能训练所取代；学校鼓励培养艺术特长生，教师、家长鼓励学生参加艺术培训、考级；教师不厌其烦地排练节目，筹备公开课，仅

仅是为了在比赛中获奖；社会艺术培训班被越来越多的家长接受并受到追捧，还对音乐、美术高考固有不变的课程教学模式进行分析研究，不断探索能够让学生在短期内通过音乐、美术高等教育入学考试的策略。很多人却将这样的教育称为美育，其功利化色彩浓厚的艺术课堂势必会成为技能的训练场，仅仅强调知识和技能的学习，终将导致美育失去其应有的育人价值。

（二）美育教师队伍严重短缺

美育师资短缺是制约我国学校美育工作的现实问题。2016 年，中国艺术教育促进会、清华大学中国经济社会数据中心发布的《全国义务教育阶段美育师资状况分析报告》对我国义务教育阶段音乐、美术师资配备的存量、结构、缺口以及器材设备达标情况进行分析后指出，虽然义务教育阶段艺术师资队伍不断扩大，师资队伍结构进一步优化，但艺术课程开设数量以及师资队伍数量离国家《义务教育课程设置实验方案》的要求仍有较大差距，而且区域差距、城乡差距仍较大。2015 年我国义务教育阶段美育课程的课时量应占总课时的 9% ～ 11%，但艺术教师总数仅占全部专任教师总数的 6.5%，必然存在教师工作量偏大的现实问题。从区域差距和城乡差距来看，中西部地区和农村地区艺术教师差额更为严重，如广西、青海、甘肃、江西、河南等省份的农村小学艺术教师缺额均超过 50%。现在我国艺术教育师资队伍断层问题与基本素养问题也较为突出，不少教师既教语文、数学等人文课程，又教音乐、美术等艺术课程，存在一个教师"包打天下"的现象，其在教音乐、美术课程过程中表现出来的知识能力素养令人担忧。

（三）美育评价体系缺乏

学生学业成绩评价更多地强调定量评价，忽视定性评价。在定量评价指标中，考试成绩是最主要的评价指标，特别是与升学、就业相关的定量指标成了核心评价标准，至于音乐、美术等课程因为不在中高考范围内，往往成了学生成绩评价的"鸡肋"，成为学校课表中的摆设，只在应对上级教育部门检查的时候拿出来看，平时音乐课、美术课都被应付、挤压甚至停开了。当然，也有少量学生在专门学习音乐、美术课程，一类是参加音乐、美术高考的学生，这些学生在学校里通常单独编班，或者到校外培训机构参加各类艺考培训。还有少数学生学习艺术是为了成为艺术特长生，在升学考试中挣加分分数，完全把国家美育课程要求放在一边了。尽管教育部出台了《学校体育美育兼职教师管理办法》，但各省、自治区、直辖市均缺乏具体实施细则。学校对教师的教学管理与职称管理也影响了艺术教师的积极性。在教学管理过程中，不考虑艺术教师的特殊性，一味地强调所有学科教师的要求相同。在职称管理过程中，也要求艺术教师的论文和项目等，在具体评职称的过程中，常常出现艺术学科教师为主科教师让路的尴尬。

学校美育在贯彻实施党的教育方针，加强社会主义核心价值观教育，传承创新中华优秀传统文化，落实立德树人根本任务，深化教育领域综合改革等方面具有十分重要的意义。要充分发挥美育在以美立德、以美启智、以美育美、以美健体等方面的重要作用，着力提升学生审美能力和综合素养，培养德、智、体、美、劳全面发展的社会主义建设者和接班人。为此要求做到以下四点。第一，要全面重塑美育育人价值。聚焦学生生活、情操、形象思维、审美想象力和创造力以及健全人格的形成等目标，建立符合学生年龄特点和时代要求的美育目标体系；统筹好课程、课堂、课外活动、校园文化等领域的美育内容体系，使其相互融通、相互渗透。第二，要充分挖掘每门学科的美育功能，将美育融入学校课程教学的主渠道、全过程。充分发挥音乐、美术等艺术课程的主要美育作用，充分挖掘语文、数学、物理、体育等学科教育教学的美育因素，把美育因素贯穿教育教学全过程。第三，要加强美育师资队伍建设，构建一支德艺双馨的师资队伍。要发挥美育育人功能的关键是建立一支师德高尚、业务精湛、结构合理和充满活力的高素质教师队伍。这需要学校加强美育教师的配置，形成一支数量足够、质量较高的美育教师队伍，也需要学校通过培训、建设名师工作室等途径，不断提升现有艺术教育师资队伍，还需要不断健全美育教师激励机制和评价机制，包括加大经费投入力度，改善职称评定办法，激发教师工作热情。第四，促进学校与社会联动，创造性地开展丰富多彩的美育社会实践活动。这些美育社会实践活动包括：开展学生美育社会实践活动，这些活动小型分散、灵活多样，如通过艺术节、艺术教育特色学校、学生艺术社团、艺术兴趣小组、学生交响乐联盟、学生合唱联盟等方式举办活动；建立校外社会美育基地，通过艺术院校与中小学合作建立联盟、开设艺术大讲堂、举办专题艺术设计展览等方式，挖掘校内外美育资源，推动学校、家庭、社区和社会资源整合融通。如通过家—校合作、校—社合作，利用校外博物馆、图书馆、文化馆、科技馆、网络与广播电视等资源，提高公众对青少年美育工作的参与度，充分发挥各方育人作用，提升美育育人水平。

第三节　建构与实践学校美育校本课程的必要性与可行性

一、关于小学美育校本课程的基本概念

（一）审美素养的概念

《现代汉语词典》将"审美"定义为"领会事物或艺术品的美"[1]，李泽厚的《美学四讲》认为"审美"是"超生物的需要和感受"[2]。《现代汉语词典》将"素养"和"素质"定义为"平日的修养"[3]和"事物本来的性质"[4]。结合学校教育思想与办学特色、教育价值观内涵，笔者将本著作所论审美素养界定为学生应具备的、能够适应终身发展和社会发展需要的必备审美品格和关键能力，包括学生的审美意识和审美心理素养，具体表现为审美的经验、审美的情趣、审美的能力等。

这个界定包含了三个方面的内容：从学校美育目的的角度看，审美素养是指学生应具备的、能够适应终身发展和社会发展需要的必备审美品格和关键能力；从学校美育内容的角度看，审美素养包括学生的审美意识和审美心理素养（李泽厚《美学四讲》关于审美的对象与过程的理论）；从学校美育具体目标的角度看，审美素养表现为审美的经验、审美的情趣、审美的能力等。

（二）校本课程的概念

校本最简单的含义是指以学校为本，以学校为基础。郑金洲的《走向校本》

---

[1] 中国社会科学院语言研究所词典编辑室 . 现代汉语词典 [M].7 版 . 北京：商务印书馆，2016:1164.

[2] 李泽厚 . 美学四讲 [M]. 第 213 页 .

[3] 中国社会科学院语言研究所词典编辑室 . 现代汉语词典 [M].7 版 . 北京：商务印书馆，2016:1248.

[4] 中国社会科学院语言研究所词典编辑室 . 现代汉语词典 [M].7 版 . 北京：商务印书馆，2016:1248.

中指出："所谓校本，一是为了学校，二是在学校中，三是基于学校。"为了学校，是指要以改进学校实际、解决学校所面临的问题为指向；在学校中，是指要面对学校自身的问题，要由学校中的人来解决，要经过校长、老师的共同努力来讨论、分析解决问题；基于学校，是指学校工作的出发点与归宿都是学校发展。

目前关于课程的界定主要从宏观、中观、微观三个层面出发。宏观的课程，是指有目的、有计划、有步骤地促进学生发展的一切教育内容与过程，包括社会课程、学校课程、家庭教育课程。中观的课程，是指学生在校学习的内容与进程，如国家课程、校本课程、地方课程。微观的课程，指学生学习的学科课程，如在小学、中学学习的语文课程、数学课程等。

为界定"校本课程"，笔者查阅了《简明中小学教育词典》《现代汉语词典》《儿童与课程》《课程与教学的基本原理》《走向校本》《义务教育校本课程开发》《现代课程论》《课程设计基础》《课程学》《"新基础教育"探索性研究报告集》《小学课程与教学论》等资料，笔者将本著作所论的"校本课程"界定为：以学校为本的、对学校学生的需求进行科学评估，充分利用当地社区和学校的课程资源，为了学生和学校的发展而由学校自主开发的、可供学生选择的课程。"校本课程"是彰显一所学校办学特色和课程文化的重要课程。

在本书中，校本课程在性质上还有以下特征：凸显学校"儿童第一"办学思想、"以美育美"办学特色；满足学生、学校发展的个性需要；学生、家长既是课程资源，也是校本课程的创生者。

二、建构与实践学校美育校本课程的必要性

（一）是顺应当前党和国家对基础教育的必然要求

党的十九大报告强调"要全面贯彻党的教育方针，落实立德树人根本任务"。2019年《中共中央国务院关于深化教育教学改革全面提高义务教育质量的意见》中的"基本要求"一项指出，"构建德、智、体、美、劳全面培养的教育体系，健全立德树人落实机制"，但没有明确指出如何构建学生全面培养的教育体系，探索怎样的机制来落实"立德树人"根本任务的问题。《中共中央国务院关于深化教育改革，全面推进素质教育的决定》中特别指出"美育不仅能陶冶情操，提高素质，而且有助于开发智力，对于促进学生全面发展具有不可替代的

作用。要尽快改变学校美育工作薄弱的状况，将美育融入学校教育全过程"。《中国学生发展核心素养》中也提出要着重培养学生的"审美情趣"和"人文情怀"。党的十八届三中全会在"深化教育领域综合改革"部分特别强调"改进美育教学，提高学生审美和人文素养"。

为全面贯彻党的教育方针，落实立德树人的根本任务，按照《国家中长期教育改革和发展规划纲要（2010—2020年）》的要求，把培育和践行社会主义核心价值观融入学校美育全过程。2020年10月，中共中央办公厅、国务院办公厅印发了《关于全面加强和改进新时代学校美育工作的意见》，文件提出"美是纯洁道德、丰富精神的重要源泉。美育是审美教育、情操教育、心灵教育，也是丰富想象力和培养创新意识的教育，能提升审美素养、陶冶情操、温润心灵、激发创新创造活力。为贯彻落实习近平总书记关于教育的重要论述和全国教育大会精神，进一步强化学校美育育人功能，构建德、智、体、美、劳全面培养的教育体系"。

（二）是回应新时代教育对于人的全面发展的基本需求

"审美培养造就全面发展的人"，这是席勒在《美育书简》中所提出的观点，他还提出"若要把感性的人变为理性的人，唯一的路径是先使他成为审美的人"。当然，这样的观点也是马克思、恩格斯所一贯坚持和发扬的文化教育思想。早在20世纪80年代，美育心理学家刘兆吉先生就用实证研究的方式验证了美育对学生的审美、道德、智力等素质全面发展的效力。叶圣陶认为，"美育正是帮助学生的美好天性自然生成的最好方式，也是生命质量自然形成、自然提高的最好方式。"李泽厚在《美学四讲》中也指出"美的本质是真和善的统一"。

（三）是对教育"急功近利"倾向的反思

教育与时代的社会生产活动紧密相连，能增进个体幸福和社会利益，客观上具有功利性，但是，现实中的"唯分数""以应试为目的""以高、中考率评价办学质量"的教育的"急功近利"倾向，背离了教育的本质。我们所主张的纯美教育是一种以浸润、弥漫、润物无声的方式影响学生的精神世界，并能够促进学生全面发展、健康成长的教育。

（四）是学校实现"五育"融合，凸显办学特色的必然选择

作为一所以"现代化、国际化、精品化、特色化"为办学追求的学校，开办之初，我们就经过多轮讨论、多方论证，规定了学校的教育价值观"教育要引导儿童更有尊严、更美好地生活"，明确了学校的美育办学思想，确立了学校美育办学特色，为学校在发展文化与特色上指明了方向。科大实验附小"美育"特色办学目标的确立是学校文化的选择。学校美育的基本目的是儿童审美的情感塑造，美育校本课程的开发是实现现代多元文化教育追求的重要环节。构建具有生命力及美感的课程与课堂，不但能够实现儿童审美情感的自我塑造与精神人格的树立，同时对于教师自我发展和学校文化的持续更新、特色学校建设也具有重要的意义。

三、建构与实践学校美育校本课程的可行性

（一）立德树人，培育学生的审美素养，是学校教育人才培养的基本要求

针对我国社会与经济发展对教育的基本要求，针对当前基础教育中存在的功利主义的教育倾向，针对当下基础教育培养人才的素质缺失，站在民族复兴对于全面发展的人才需要的高度，党的十八大提出，要把立德树人作为教育的根本任务。教育部印发的《关于全面深化课程改革并落实立德树人根本任务的意见》中指出"立德树人是发展中国特色社会主义教育事业的核心所在，是培养德智体美全面发展的社会主义建设者和接班人的本质要求"，但没有明确指出立德树人靠什么来落实的问题。

《中共中央国务院关于深化教育改革，全面推进素质教育的决定》中明确提出"造就德、智、体、美等全面发展的社会主义事业建设者和接班人"，可见，美育是实施素质教育的重要内容，是学生全面发展的重要因素。它对美育定位准确，非常有针对性，为我们改进美育教学指明了方向，意义重大，影响深远。

我国教育一直很重视德育，效果却难尽人意。其实，美育和德育是分不开的。高尔基曾经说过，美学是未来的伦理学。作为苏联最伟大的作家之一，高尔基的上述预言显然不是主张美学在未来取代伦理学。他的意思非常明确：伦理要真正变成自由、有效的实践，就必须具有审美的气质。与高尔基异曲同工的另外

一个表达则来自德国的美学家席勒。席勒认为，人的生活有力量的国度、伦理的国度、审美的国度之别。力量的国度靠弱肉强食的自然法则运行，伦理的国度靠社会规范的强制维持，而审美的国度，人们对于一切道德的服从均来源于自由人对于美的向往。

美育的根本，就是以审美的方式育德、育心、育魂。美的事物，包括自然美、社会美、艺术美、科学美等，因其形象、生动、自由和丰富的特性，比其他任何事物都更容易让人动心，更容易激发起人们向往美好的高尚情感。因此，笔者认为：德育和美育都是关于人性的教育，相辅相成，不可分割。德育塑造人的美德美行，美育也塑造人的美德美行，此外，美育还培养人健康的审美趣味、美的欣赏力、美的表现力、美的创造力等，其对人心和人性的塑造更立体，方法更形象、更生动、更丰富。认真做好学校美育，也就在一定程度上做好了德育，有力推动了"立德树人"教育目标的实现。

那么，学校会如何设计相关美育课程的实践，如何通过学校特色课程促进学生审美素养的提升，实现身心全面发展，这是摆在我们面前迫切需要研究解决的重要命题。

（二）建构基于审美素养的校本课程，培育学生审美素养，是教育对于时代人的全面发展要求的积极回应

美育被重列为教育方针强调的内容之一，有着深刻的时代背景。美育，是时代的呼唤！"对此，大家已形成共识，那就是源于对创新精神的呼唤。"[1] 只有拥有一颗充实而自由的心灵，只有摆脱精神上应试教育带来的压抑和枯索，才能迸发出创造和创新的火花。在培养创新精神和创新人才的伟大工程中，美育具有突出的地位和重要的作用。

更为重要的是，一个国家要有高度文明的发展，需要提升民众的审美水平。如果没有良好的审美水平，人就会在庸俗中无聊，在无聊中沉沦。一个民族的核心竞争力的发展，需要每个人保持发展的审美情趣。如果让审美情趣变得庸俗，那么整个社会就会由文明变得野蛮，进而产生许多社会问题。

经过 30 多年改革开放的中国，正阔步迈向世界，伟大的中华民族正巍然屹

---

[1] 杨斌 . 语文美育绪论 [M]. 南京：南京师范大学出版社 ,2005,12.

立于世界民族之林！一个民族的真正强盛是精神富有。支撑民族大厦的脊梁，是人格独立、精神健全的公民群体。而美育缺位的教育，是难以培养出人格独立、精神健全的公民群体的。这是因为美育最本质的特征，就是促进人的精神解放和人格健全，就是赋予人以充实而自由的心灵。全国政协委员滕矢初指出，"美是一种心灵的体操。我们教育的根本是教会人们如何做人，做一个好人，一个会欣赏美、创造美的有情趣的好人。从小加强审美教育，可以铸造一个人的灵魂"。简言之，美育在铸造人的灵魂和提升人格层次方面具有无可替代的作用。

美育的精神实质，乃在于消解对于人的各种异化，求得人格及其发展的自由与完整。从广义上说，美育与全部教育的审美化实质上是一体两面的关系。倡言美学是未来的伦理学，实际上就是主张美育事业是全部教育的使命！

不可否认，在迄今为止的教育现实中学校美育仍然是稀缺的。这一点，我们不难得出结论。一方面，中国教育与社会都在升级、转型之中，如何回应人民群众对于高品质教育的需求是中国教育当前最为迫切的任务，而美育的健康发展是高品质教育的重要象征。另一方面，如何帮助全体国民达到优雅、文明的高品质生活境界，是当代中国教育，更是美育最重要的任务之一。因此，加强美育，正当其时，投身美育，时不我待。

今天，作为教育方针重要内容的美育肩负着的历史使命，即要提升 21 世纪中国教育的层次和品位，提升 21 世纪中国教育新产品——人才的层次和品质，从而适应为 21 世纪中华民族的伟大复兴培育高素质公民群体的需要！

（三）建构与实践学校美育校本课程，培育学生审美素养，是学校"五育并举"的必然选择

尽管相关美育政策为学校美育课程的开展指明了方向，然而在实践中，学校美育课程甚微。虽然学术界对于美育的研究做出了十分可贵的探索，也取得了令人鼓舞的成就。但遗憾的是，这些理论往往还只是停留在书斋，停留在高校讲坛，停留在理论的探讨和体系的建构上，操作性有待加强。尽管有个别学校会开展一些美育活动，但普遍的情况是在许多学校管理层心中，还没有美育的一席之地。中小学校园里美育严重匮乏。

虽然在很多人眼里，审美、美学似乎是学术圈里的事情，但事实上，关于美的理解和诠释对文化发展有着重要的作用。它不是学者的专利，而是与人的素质和文化发展密切相关。我们的文化改革，决不能头痛医头，脚痛医脚，而应该从根本上深化改革，抓紧提高审美素质，从人的全面发展抓起，从人的文化素质着手。

另外，以马克思主义人的全面发展学说为基础而演绎出来的教育的全面发展观在实际教学中遭到了误解，被错误地理解为所谓人的德、智、体、美等素质的全面发展是通过与之对应的各种教育来完成的。人的发展和教育之间有了一种莫名的归位，德行的发展归德育，身体的健壮归体育，审美的发展归美育，智力的发展归智育。美的感受和体验主要在美术课、音乐课上得以实现。学科知识本位思想占主导地位，甚至在音乐、美术等学科中也只重视了技能、技巧的训练，美育在其他学科课堂教学中更没有得到应有的重视，未发挥其应有的教育功能，对学科教学中美的元素缺少发现、缺少梳理、缺少运用。教师无视学生美的需求，学生被动地学，体会不到学习的美、自然的美、生活的美。大多数教师对美育的目标、课堂美育的因素及实施途径等问题缺乏研究与实践，心中无数，手中无法，各学科知识的文化意义与价值不能体现，学科教学窄化为纯知识教育，美育脱离了学科教学的重要载体后，日益弱化、淡化，直至变得可有可无，这必然影响学生的全面发展，制约学生的成长、成才。

审美素养的提高主要依靠审美教育。从实践上看，美育需要找到恰当的切入口。目前，美育走向教育实践的最佳切入口在哪里呢？笔者认为应基于审美素养建构校本课程，实施美育特色课程。广义地讲，包括从国家课程的角度看，加强学科美学建设，让每一门学科在系统传授知识、培养学生能力的同时，贯彻美的精神，提高美的含量，即国家课程美育校本化。从地方课程和校本课程的角度看，重点是开展丰富多彩的活动，在活动中体现美育精神，即美育特色化。

（四）建构与实践基于审美素养的校本课程，是彰显学校"儿童第一"办学思想，凸显学校"以美育美"办学特色的必须

作为一所以"现代化、国际化、精品化、特色化"为办学追求的学校，开办之初，科大实验附小就经过多轮讨论、多方论证，形成了学校《"儿童第一"文化大纲》，规定了学校的教育价值观"教育要引导儿童更有尊严、更美好地生活"，规定了学校的办学思想"儿童第一"，规定了学校校训"做真人，求真知"等学校核心价值观，确立了"以美育美"的办学特色，为学校在发展文化与特色上指明了方向。

科大实验附小"美育"特色办学目标的确立是学校文化选择的需要。学校美育的基本目的是儿童审美的情感塑造，美育校本课程的开发是实现现代多元文化教育追求的重要环节。构建具有生命及美感的课程与课堂，不但能够促进儿童审美的情感自我塑造与精神人格的实现，而且对于教师自我发展和学校文化的持续更新、特色学校建设也具有重要的意义。

就学校教育层面而言，因地制宜地开发符合学校实际情况的美育校本课程，培育学生的审美情感，发展儿童对美的感悟，既可以提高学校的校本课程品质，同时也有利于学校文化的持续更新和特色学校建设。如何在社会多元文化发展的趋势下实现美育与学校教育的最优化结合，调节传统"自上而下"的课程管理的矛盾，积极、健康、有序地进行美育校本课程的开发、推进与发展，实现国家"培养学生良好的审美情趣和人文素养"的总体要求，是我校要着力探讨的问题。

因此，我校的美育校本课程开发既是依据学校自身资源，满足本校所有学生学习需求的持续而动态的课程开发活动，又是以国家课程、地方课程的校本转化和校本课程开发为主要内容而制定的学校整体课程开发策略。同时，其主旨应是在不脱离学生全面发展的基础上，完善哲学意义上个体对美绝对自由的权利。其目的在于消除人为设置的限制，消除学科教育中客观而普遍的法则与绝对真理对自由思维之束缚，回归儿童客观感知、发现多元世界声音的能力，最终实现美育所孜孜追求的目标，即帮助儿童建构其主体人格。

（五）丰富的特色课程体系促进学校办学特色发展和学生个性发展

校本课程是相对于国家课程和地方课程而言的，是指以某所学校为基地而开发的课程，学校和教师是课程开发和决策的主体。我们所谈的特色课程也是校本课程的一种，是为了实现学校的教育价值观、实现学校的办学特色而开发的校本课程。强调特色，是强调课程价值上的独特性，课程形式上的特色性，课程目标上的时代性，课程内容上的丰富性。

1. 明确的办学理念与学校特色定位，是特色课程建设的前提

校本课程的价值是由学校的教育价值观决定的，特色课程是由学校的特色办学理念和特色办学定位决定的。学校特色是指管理者和教育者根据社会发展需要和先进教育理念，从学校的办学理想、核心文化、价值追求及学校实际出发，在

教育实践中努力挖掘、继承发扬并积极创造某一方面的优势，所形成的具有鲜明个性、独树一帜、成效显著的办学理念和模式。

科大实验附小在学校"儿童第一"的办学思想指导下，从"把儿童的健康成长作为学校工作的出发点和归宿"这一基本认识出发，确立了"教育，要引导儿童更有尊严、更美好地生活"这一教育价值观，明确了"以美育美"的办学特色，树立了"为纯美的童年而教育"的教育理想，从而明确了学校特色课程研发与实施的方向。

2. 整体与系统地建构学校特色课程体系，方能实现学校的特色办学目标

学校的特色发展，不应该只是空洞的语言与口号。一所学校办学特色的形成，应该有充满独具特色的校本课程来体现。而这样的特色课程体系，应当是整体的、系统的，充满逻辑的。以科大实验附小为例，为把学校的"美育"办学特色，真正转化成学生发展的核心素养，学校以美育对象和课程价值为标准，整体、系统地设计了学校美育特色课程。这种整体与系统，体现在以下几方面。

（1）以学校特色课程理念的"四个明确"为引擎：明确了学校特色课程观，即儿童、知识和社会相统一；明确了学校特色课程价值，即课程要为学生自由发展提供可能；明确了学校特色课程实现路径，即以美育美；明确了学校特色课程的学生发展目标，即实现健康乐学灵动多彩。

（2）以课程建构与实践的"四个策略"为驱动：一是国家课程的美育校本化实施策略；二是校本课程的美育特色化实施策略；三是"大美育观"视角关注审美素养形成的途径策略；四是"形象性、情感性、愉悦性和实践性"教育教学策略。"四个明确"与"四个策略"从整体与系统的方向，奠定了学校美育特色课程的建构与实践的基础，为丰富学生人文底蕴，提升学生审美素质，促进学生个性发展，培育学生发展必备的优良品格和关键的能力提供了可能。

（3）以特色课程目标的设计为导向。"美的本质是真和善的统一。"[1] 为我们规定了学校美育的基本方向。在构建学校美育特色课程，推进学校特色发展的实践中，学校围绕立德树人根本任务，按照国务院办公厅《关于全面加强和改进学校美育工作的意见》和《中国学生发展核心素养》的要求，根据学校特色课程的教育价值取向，系统地设计了学校美育特色课程的目标，它包括"九种必备

---

[1] 李泽厚. 美学四讲 [M]. 第 213 页.

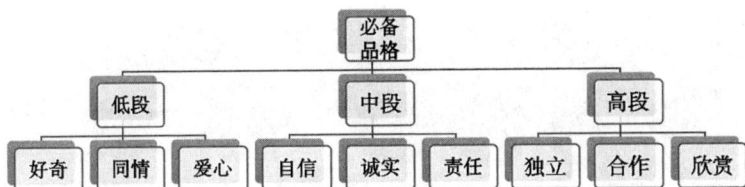

图 2-1

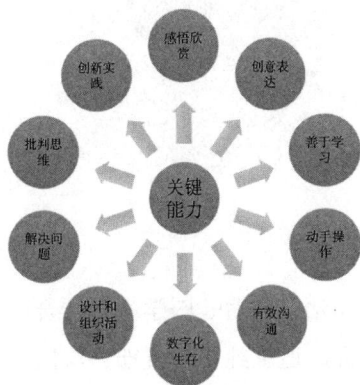

图 2-2

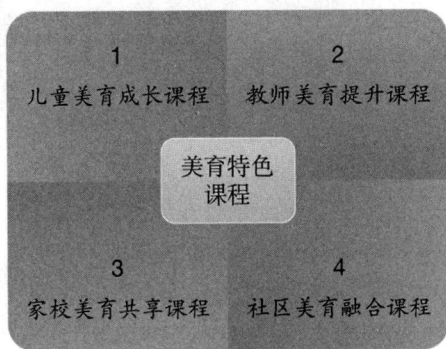

图 2-3

品格"（见图 2-1）和"十种关键能力"（见图 2-2）。

"九种必备品格"与"十种关键能力"目标，全面地勾勒出了学校美育特色课程的目标追求与价值取向，为学生审美素养的形成，学校"以美育美"办学特色的实现指明了方向。

（4）以系统建构课程内容为基础。图 2-3 标示了科大实验附小美育特色课程的基本构成：儿童美育成长课程、教师美育提升课程、家校美育共享课程和社区美育融合课程。

①儿童美育成长课程：此课程分为六类，包括儿童文学启蒙课程、儿童艺术实践课程、儿童生活活动课程、儿童道德体验课程、国际理解教育课程、儿童教育戏剧课程。（见图 2-4）

在以审美素养的培育为目标的儿童美育成长课程中，儿童文学启蒙课程、儿童道德体验课程中的童心灿烂四季文化节、国际理解教育和儿童教育戏剧教育四类课程是学校特色课程中的精品课程。

图 2-4

A. 培育人文情怀的儿童文学启蒙课程。此课程与语文教育、国学教育结合，注重把儿童文学的美育功能与语文课程的人文性融合，追求纯真、稚拙、欢愉、变幻、朴素的儿童文学审美特征与雅、博、真、实的人文精神。儿童文学启蒙课程，包括两种基本课程内容。

a. 儿童文学欣赏课。课程目标为"丰厚人文底蕴，开阔艺术视野"。学校邀请著名儿童文学作家与语文特级教师，一起选取中外经典儿童文学作品，以人文主题为引导，划分低、中、高学段，编写了《一百个冰激凌》《狐狸打猎人》《我的早读》三册儿童文学启蒙教育读本，从一年级开始，每班每周一节，开设儿童文学欣赏课，引导学生感受、体验、欣赏经典的儿童文学作品。

b. "蒲公英"儿童文学社。课程目标为"学习写作方法，提升审美能力"。在一至六年级开设，聘请著名儿童文学作家执教，运用"儿童文学启蒙教育"校本课程读本，以社团活动的方式开展学习，引导儿童学习儿童诗、童谣、绘本、散文、小说等文学体裁的写作，促进儿童阅读能力、写作能力、思维能力的提高。

B. 提升道德品性的儿童道德体验课程之"童心灿烂四季文化节"精品课程。我们充分开发春、夏、秋、冬四季的美育价值，以"童真融春""童趣约夏""童语韵秋""童心暖冬"为课程主题，整合中小学中传统的艺术节、科技节、运动会等活动，赋予它们"真""趣""韵""暖"的意义，并融入"九种品格"与"十种关键能力"内容，设计出一系列的体验教育活动（见表2-1），以实现"提升道德品性，落实核心价值观"的课程目标。

表 2-1　科大实验附小童心灿烂四季文化节课程

文化节	时间	主题	活动	美育目标	教育内容
童真融春	2月	迎春	1. "梦想播种在春天"开学典礼暨美育节启动仪式 2. 迎春小报展评 3. 春联、字谜大观园，春节传统活动体验展	1. 发现自然之美，热爱自然 2. 体验自然之美，热爱生活 3. 懂得美从我做起，践行文明规范	环境教育 生活美育 规则培训 礼仪教育 国学教育
	3月	赏春	1. "找春天"手工作品展 2. 童心飞扬清水河环境考察活动 3. "童心大舞台"班级美育成果展		
	4月	颂春	1. "种春天"（植树节） 2. 诗颂春天（校、班级展演活动） 3. 校园风云人物"小雷锋""环保小卫士"评选 4. 校园"游戏节"		
童趣约夏	5月	梦夏	1. "童趣约夏"艺术文化节启动仪式 2. "研究科技历程，感受生存智慧"体验活动 3. "我是小小发明家"科技制作展 4. 家长助教工作室："科技"美育微课	1. 参与艺术活动，体验成功之乐 2. 探究科技之谜，感受创新之美 3. 欣赏成果之美，鞭策励志之路	艺体教育 国防教育 科技教育 感恩教育 励志教育
	6月	趣夏	1. "童趣约夏"文艺汇演 2. "童趣约夏"趣味运动会 3. 追梦电子科技大学与大朋友、小朋友联谊活动		
	7月	寄夏	1. "玩转儿童学堂，储蓄美育梦想" 2. "树榜样表彰先进，学标兵励志前行"散学典礼 3. "爱让我们在一起"谢师典礼		

续表

文化节	时间	主题	活动	美育目标	教育内容
童语韵秋	8月	品秋	1. 国际游学活动 2. 品秋童谣创编活动 3. 金秋阅读季阅读经典活动	1. 发现世界之美，领悟人文 2. 体验自然之美，热爱生活 3. 欣赏文字之美，创造艺术	国际理解教育 环境教育 生活美育 习惯教育 安全教育 国学教育 文学欣赏
	9月	赏秋	1. "体验秋色"儿童文学欣赏 2. "爱在深秋"家庭亲子阅读 3. "爱在附小，情暖中秋"中秋贺卡展览		
	10月	绘秋	1. "秋韵"师生书画展 2. "童语韵秋"社会实践活动 3. "爱在深秋"家庭亲子阅读成果展评		
童心暖冬	11月	练冬	1. "童心暖冬"体育文化节启动仪式 2. "快乐总动员，爱就在身边"家庭亲子运动会 3. "趣味大课间"少数民族运动项目学习表演活动	1. 感受运动快乐，热爱运动 2. 体验合作快乐，学会互助 3. 挑战竞技极限，磨炼意志	安全教育 健康教育 民族教育 环境教育 礼仪教育
	12月	竞冬	1. "童心暖冬"环跑校园活动 2. "开笔启智，慧悦人生"育童论坛 3. 家长助教工作室"美育微课程"		
	1月	乐冬	1. "童心闪耀"大舞台 2. "为梦想喝彩"音乐会暨散学典礼 3. "健康乐学，灵动多彩"年度校园最美人物评选表彰		

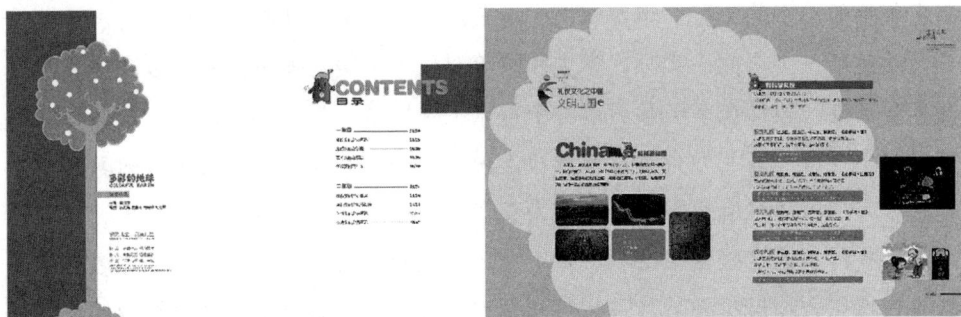

图 2-5

C. 传承人类文明的国际理解教育精品课程。此课程的定位是让学生感受、了解、学习不同国家、地区优秀的文化，了解人类文明的优秀成果。根据不同学段儿童的认知特点，学习开发了《多彩的地球》国际理解教育教材，共三册（见图 2-5），分别供低、中、高段学生使用。

教材从礼仪、服饰、艺术、饮食等方面制作了八个文化专题，每个专题有六部分内容：科科娃[1] 游××、科科娃学礼仪、科科娃讲故事、科科娃游乐园、科科娃 SHOW 收获、学习分享。全书图文并茂，力求趣味性、审美性、文艺性，以系统、科学的方式，引导小学生了解不同国家的文化，以产生丰富的审美情感，培养跨文化交流的兴趣和能力，实现学校文化大纲提出的"童心触动世界"的教育期望。

D. 提升学生审美情趣的儿童教育戏剧精品课程。戏剧是一门综合艺术，包括了表演、音乐、舞蹈、形体、绘画、语言、光影等多重元素，教育戏剧课程正是利用这一特点，让学生在参与戏剧课程的熏陶过程中，获得审美感受。我们在充分研究其他地区优秀儿童教育戏剧的基础上，以美感培养为目的，以儿童戏剧为载体，创造性地开发了"美的旅行"儿童教育戏剧课程。

②教师美育提升课程：教师的审美素养是影响学校整体课程质量的关键。

审美教育就是通过引导人们领悟审美价值从而提高人们鉴赏美、创造美的能力。审美教育是塑造人类灵魂的一项宏伟工程，它绝不仅仅是普及美学知识，它的任务是提高人们本身的素质。通过审美教育可以提高人的审美意识，它包括提

---

[1] 科科娃：是科大实验学生的卡通文化形象。

高审美感知、审美体验、审美感情、审美理想、审美趣味和审美观念等。审美教育活动包括三个方面：教师、学生和审美对象。审美对象是美感赖以产生和发展的客观基础。教师在审美教育过程中占据主导地位，是对学生进行审美教育的组织者和指导者。苏联教育学家奥尼科夫说："教师不但应当熟悉了解所教的课程和教学方法，而且应该掌握包括行为美在内的审美文化领域的丰富知识、素养和能力，并善于把这些传授给学生。"那么审美教育的主导，如何对学生进行审美教育？首先教师自身必须具备相当程度的审美意识，具有审美文化领域的丰富知识、素养和能力，否则一切将无从谈起。就当前状况看中小学教师审美意识水准如何，这确实是需要我们认真探讨和深入研究的一项重要课题。

通过调查，笔者了解到科大实验附小教师并没有系统地学过美学，他们的美学知识很缺乏。反映在教学过程中，则是教师偏重知识的传授，不注重挖掘作品中美的内涵。音乐教师、美术教师认为上音美课就是教唱歌和画画，根本没有从审美教育的角度去提升课堂质量。据实际调查，多数语文教师在教学活动中也存在只注重抽象的知识传授，一切为了应考，忽视在语文教学过程中的审美教育活动的现象。

教师的审美意识不仅体现在所从事的教学活动之中，教师自身的行为就显示其审美意识，并在不知不觉中影响着学生。中小学教师的形象将会在学生心目中留下深刻的印象，特别是小学阶段的启蒙教师，在许多方面超越孩子的父母，是孩子们崇拜的对象。教师的动作、语言、着装，甚至于教师的板书，都是学生模仿的对象。因此教师的一言一行对学生的影响都不可忽视，教师的表率作用具有极大的感染力。

根据科大实验附小教师现状，迅速提高教师的审美意识，加强审美教育，已经是一个迫在眉睫的问题。如果教师仍按以前传统的教学方法，仍按过去的审美意识从事教育，不积极接受新的美学观点，不提高自己的审美意识，就不能适应时代的要求。

教师专业素质的高低决定着学校特色课程目标的实现程度，这也是科大实验附小美育特色课程实践的基本认识，这样看来就面临一个重要的课题——如何迅速提高教师的审美意识。因此，我校构建了教师美育专业成长课程，其基本目标就是要全面提升教师的育美能力。课程的内容包括，丰厚教育生命的"专业阅读课程"、培育高雅气质的"礼仪形象课程"、涵养人文品性的"艺术熏陶课程"

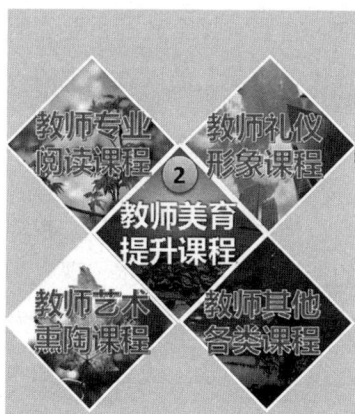

图 2-6

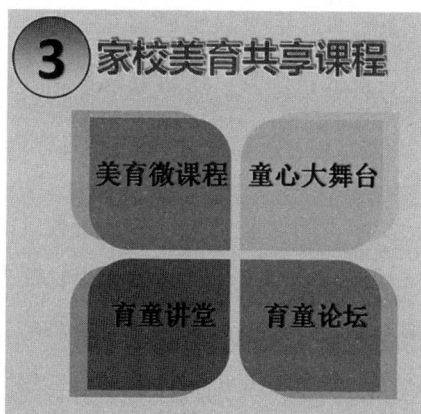

图 2-7

和探索教育方法的"育童讲堂"课程。（见图 2-6）

③家校美育共享课程：此课程的目标为"建设和谐家校关系，探索高效共育方法"，主要有"育童论坛""育童讲堂""童心大舞台"和"美育微课程"等活动。（见图 2-7）

（六）国家课程美育校本化实施有着积极的文化价值和师生发展价值，意义深远

1. 文化价值

国家课程美育校本化实施，是一条基于学校现实的特色化道路。通过国家课程美育校本化实施，学校进一步明确了自己的办学理念，形成了独特的学校文化。美育儿童学堂便是这独特的学校文化载体之一，它丰富了学校的文化内涵。美育儿童学堂是发展儿童综合素质、促进儿童健康成长的空间，是完善儿童独立人格、展示儿童主体精神的环境，是凸显儿童教育主体的场所。美育儿童学堂是儿童主动学习、主动思考、主动发展的课堂。

美育儿童学堂的核心在于两点。第一，"儿童"，即把儿童当成一个完整的人看待，一切教育教学行为，都要尊重并发展儿童的思想、心理、情感、生理等客观现实。这就要求每个教师要不断地改进教育理念，要尊重生命，尊重学生在学习过程中一切合理的，有利于他们生命成长、人格完善的思想、行为、言行，并通过教学帮助他们实现一切合理的成长需要。第二，是"学"，即儿童学堂，不是"教"堂，而是重视引导学生如何学的课堂。它要求每个教师，要克服过往的"用讲授代替感受，用讲解代替理解，用说教代替体验"的以教为主的教学方式，要以学科为基础研究学习策略。

2. 发展价值

一是学生的发展价值。从传统教学的弊端看，传统教育中以学科、教师为中心的认知模式、理论模式，以知识技能为中心的授课模式，以书本、课堂为中心的封闭模式，忽略了对学生进行情感培育和价值引领，不利于学生的全面发展和个性发展，背离了课堂的育人本质。从心理学角度来看，学生的思维认知系统的功能与情感以及道德感有着不可分割的联系，科学与美学紧密相连，两者对人的智力发展都是不可偏废的。以智力为中心的教学活动不应该排除情感的体验与审美的参与。从教育本质上看，美育儿童课堂就是在教学中渗透美育，使学生在学习过程中不仅获得专业知识和技能，而且获得广阔的视野、丰富的情感和完善的人格，成为一个完整的人。从理念上来看，美育儿童学堂"强调以生为本"，这一特质表明促进学生健康成长是课堂教学的出发点和归宿。强调以生为本，是强调教师在课堂教学中，要关注学生的学习状态，要明确一切教学设计都要以能激活学生的思维、丰富学生的情感、调动学生的学习积极性为前提。总之，要重视儿童的生命状态与生命成长在教育教学中的价值。从教法上来看，美育儿童学堂"强调以学定教"。强调美育儿童学堂的"学"的价值，是强调美育儿童学堂与传统的课堂在教学行为上的不同特质，是让教师明白，如何学是如何教的前提条件，要实现学生主动学习、主动思考、主动发展，教师必须研究如何教，因为儿童的学是以教师科学、合理、有效的教为基础的。为此，教师要努力学习现代课堂教学理论，研究教学最优化策略，研究实现高效课堂的手段（比如现在的翻转课堂、慕课、云课堂等），以科学的"教"，实现学生主动地学。从行为上来看，美育儿童学堂"强调实践体验"。玩是儿童的天性，课堂教学中强调实践体验的学习方式价值，是强调儿童在学习过程中通过体验获得直接经验的重要性，反映在教学方法上，就是强调要在课堂中，通过对儿童"三好"特征的把握，设计出情趣盎然的教学实践活动，让学生主动参与学习，在动手动脑中获得知识，升华情感，开阔视野，提高实践能力，进而提升综合素质。这就要求我们每个学科教师要改变重教、重练的教法，改变传统的"三代替"教学观念。

二是教师发展价值。国家课程的美育校本化实施使教师成为课程开发的核心参与者，教师发展和课程开发紧密相连，国家课程的美育校本化过程即教师的专业发展过程。在国家课程的美育校本化实施中，教师承担学校环境、信息资源和协作学习等方面的设计，师生之间是一种合作、交流的互动关系。国家课程的美育校本化实施成为师生共同成长的过程，为教师潜能的开发和创新精神的发展提供了空间，促进教师不断发展和完善。另外，教师参与国家课程的美育校本化实施，提升了老师的教育智慧和自主精神，为教师专业化提供了新的机遇。在美育儿童学堂这个平台上，每位老师根据自己的学科特点，探索教学过程中体现儿童"好奇、好问、好玩"中某一方面的特质，尝试在教学中体现"五生"（生本、生活、生态、生动、生成）的课堂标准，这样不仅使教师成了研究者、反思实践者，而且加强了教师的课程意识，培养了教师的创造精神，有效促进了教师的专业发展。

3. 意义

建构美育儿童课堂的意义在于引导课堂教学设计和实施的审美取向，即将美和审美看作课堂教学本身蕴涵的内在属性，让课堂教学的各个环节充满美感以涵养师生的生命，将审美作为课堂教学的终极目标、最高境界和永恒追求。建构美育儿童课堂的意义还在于深化了儿童特质的认识。美育儿童学堂教学中，就是要通过情境创设、设疑激趣，运用、培育、保护儿童好奇的心理品质，引导儿童乐问、善问、会问，引导儿童爱思、善思、会思，要在开放性、生活化、游戏化的场景中让学生生动活泼地学。

第三章　纯美教育的基本内涵

第一节　美育与纯美教育

一、关于美、美感、美育的概念

一般来说，美是指能引起人们美的体验的客观事物的一种本质属性，其本身是一种主观感受。虽然人们能欣赏美、表现美，但对美究竟是什么，人们却有很多不同的看法。有人认为美是客观事物的感性表现，有人说美是属性的和谐统一，有人说美是事物之间的相互关系，有人认为美仅是一种愉快感受，有人认为美是上帝赐予的属性。关于美的来源问题，唯心主义者认为美离不开人这个主体，离不开人特有的生理、心理机制，是感受主体心理的产物，是人类所特有的一种现象。古希腊的柏拉图、德国的黑格尔等人认为，美是某种绝对观念的产物，只存在于人类的理念世界之中，这种观点彻底割裂了美与现实世界之间的关系。马克思主义认为是劳动创造了人本身，通过劳动使人自身的对象化，自然也就因为人类劳动变成了"人化自然"，从而为揭开美的起源问题提供科学的理论基础。美是具体形象的，服饰、仪表、城市布局以及房屋装饰等具有具体可感的美，日月星辰、名山大川、花卉树木等自然景物使人浮想联翩，给人以美的享受。美具有感染性，所有美的事物都能作用于人的感官，调动人的情思，给人美的熏陶和感受，能愉悦人、感染人。美也具有社会性，美的事物可以离开人的感受而独立存在，却不能离开作为社会实践的主体人而独立存在。

美感就是人对客观事物美的主观感受。美感与美是不一样的，美感具有强烈的个性化特征，美感以个人的爱好和趣味为依据，与个人的家庭出身、文化教育、社会阅历、从事职业以及个性特征不同而有个别差异。同时也因为人类社会实践内容具有共同性特征，使得人的美感具有共同性特征，如大自然的青山绿水、优美的音乐、古今中外的世界名著，无论是哪个民族的人们都喜欢。

关于美育的概念，有学者（汤杰英，2002）对近现代以来产生的"美育"概念进行归类汇总，发现一共有五十余种定义，可以将这些美育定义分为八大类，分别是：美育是德育的辅助手段，是美学知识的教育，是艺术教育，是情感教育，是美感教育，是培养审美能力的教育，是"全面育人"的教育，是教育的一种境界等。这些定义为各个学校进行科学美育探讨提供了借鉴，都具有重要的参考价值。

西方对美育的关注开始于公元前 6 世纪，盛行于公元前 4 世纪的希腊。毕达哥拉斯学说从自然科学的观点去看美学，认为美就是和谐；西方早期朴素的唯物主义和辩证法观点的代表人物赫拉克利特认为美不是永恒不变的东西，"比起人来，最美的猴子也还是丑的"；苏格拉底认为应从社会科学的效用观点去看待美，有用就是美，否则就是丑；古希腊著名思想家亚里士多德总结了审美教育的三种功能："教育""净化"和"精神享受"。到了 18 世纪，德国美学家席勒写出被称为第一部美育宣言的书——《美育书简》，这部书在美育史上第一次提出了"美育"的概念。席勒认为必须通过审美教育才能解放人的精神，实现人自由；车尔尼雪夫斯基提出了"美是生活"的著名论述。

我国悠久的文化长河中，产生了丰富的美育思想，积累了丰富的美育实践经验。孔子提出："诗，可以兴，可以观，可以群，可以怨。"荀子从"性恶论"出发，强调了美育能通过适当的方式，把人的情感欲望导向礼，使人们不至于得利忘义，可以"厚人伦、美教化、移风俗"。近代的王国维认为教育的目的在于培养"完全之人物"，即"身体能力"与"精神能人"得到和谐统一的发展；蔡元培先生对美育理论做出系统、精辟的阐述，提出了包括"军国民教育""实利主义教育""公民道德教育""世界观教育""美感教育"的"五育"教育；鲁迅先生、朱光潜、蔡仪等美学家先后撰写了美学专著，翻译介绍了诸多西方的美学著作和美学思想。

美育与美学之间既有联系又有区别。美学的任务主要阐述审美现象，揭示审美规律，总结和应用美学理论，美学的重点在"学"，注重与美有关的理论探讨和实践探索；美育的任务是培养人的审美感受、审美鉴别和审美创造力，以提高人的情趣，陶冶人的情操，美化人的心灵，其重点在"育"，通过教育培养人正确高尚的审美观，提高人们对审美的敏感性，鼓励人们去创造各种各样的美。

美育对培养人的高尚道德情操、陶冶人的心灵，树立正确的世界观和人生观有着特殊的功效；美育通过开阔人的视野、训练人的思维、发挥人的想象力和创造力促进人的智力发展；美育通过具有美育元素的体育运动、素质拓展活动增进人们的身心健康；美育通过丰富的审美实践活动培养正确的审美观念，树立崇高的审美理想，丰富健康的审美情趣，促进社会主义精神文明建设。

二、关于小学纯美教育的概念

"纯美"是"雅"词，汉代刘向《九叹·惜贤》叹"扬精华以炫燿兮，芳郁渥而纯美"；南朝梁的刘勰在《文心雕龙·颂赞》中写"颂主告神，义必纯美"；宋代司马光《进士策问》："后之学者皆祖其言，乃以《书》为舛驳，非若他经之纯美也。"宋代欧阳修《吉州学记》："至于礼让兴行，而风俗纯美，然后为学之成。"明代方孝孺《送周宗傅省亲序》："其文辞纯美而材质英朗者，果吾台人也。"关于美的词语有很多，如美不胜收、传为美谈、美丽、赞美、十全十美、美轮美奂、成人之美、完美无缺、两全其美、尽善尽美、精美、美观、美满、完美、俊美、甜美、华美、秀美、美艳、四时充美、美人迟暮、姣美、优美、美好、精金美玉、价廉物美、美妙。可见，纯美教育的纯美意蕴丰富。

纯就是纯真、纯正、纯雅，美就是美好。纯美就是纯真美好、纯正美好、纯雅美好。本书认为纯美就是纯真而美丽，是人类生命初始所拥有的一种精神状态，是一种没有被尘世沾染的至高无上的美，非常圣洁，非常美丽，清澈而透明。

纯美教育是指从儿童出发，充分唤醒儿童成长的自我意识和发展潜能，为儿童浸润浪漫有品位的生活，引导儿童更有尊严、更美好地成长，让儿童拥有纯美童年的教育。"纯"本身就是一种美，同时它又是对学校美育品质的要求，表示纯美教育是坚定不移的、毫无他求的美育。

三、纯美教育的哲学基础

李泽厚是中国当代著名哲学家，"实践美学"理论的创始人，他的实践美学遵循了马克思主义美学观。发端于康德"自然向人生成"学说，因此，有必要了解一下康德"自然向人生成"美学理论和马克思主义美学观。

康德的"自然向人生成"学说是指，人具有主观能动性，人可以改造自然，促使自然向人生成。人之所以为人是自然的人化和人的自然化、对象化的结果，这个过程绝对不是动物的感性成果，人与自然之间是对立统一的关系，认识与伦理、自然与人、总体（社会）与个体之间不需要借助于上帝，"自然的人化"本身就积淀了深厚的审美心理过程，这才是美学的本质。美将真、善统一起来，也就构成了真、善、美三者的和谐统一。席勒对康德的唯心主义进行了客观的修正，席勒从自然与人、感性与理性这些古老哲学命题之间的关系出发，修正了康德关于自然与人的关系属于"主观的合目的性"，用"感性冲动"与"理性冲动"的关系来阐述：通过理性形式获得感性内容，使审美具有现实性。同时使千差万别、错综复杂的感性世界获得理性认识，理解其道理，使审美过程服从人的必然。因此，自然与人的相互作用与转化获得了比较现实的逻辑关系。黑格尔则只关心精神理念问题，他彻底把一切的归宿认为是实体化的绝对理念，自然与人的关系都被统一在不断上升的精神阶梯中，个体不过是绝对理念的一个环节而已，人只需要关注精神理念如何实现的问题，在这个实现过程中可以将自然作为材料或中介。

马克思主义美学观主要体现在《1844年经济学哲学手稿》。《1844年经济学哲学手稿》实际上是一部经济学著作，而不是一部哲学美学文献，只是从经济学的角度探讨了"人如何活"的问题，然后探讨了"人如何活得好"的问题，即从经济学角度探讨了哲学美学问题。马克思认为，在异化劳动影响下，劳动不仅没有创造美，还生产了大量"低贱""畸形""野蛮"的丑恶现象。在异化劳动情况下工人创造的价值越多，他自己离美的距离越远。"工人的产品越完美，工人自己越畸形；工人所创造的对象越文明，工人自己越野蛮；劳动越有力量，工人越无力；劳动越机巧，工人越愚钝，越成为自然界的奴隶。"劳动创造了美是在特定的历史背景中，任何劳动都具有两面性，因为"劳动为富人生产了奇迹般的东西，但是为工人生产了赤贫。劳动创造了宫殿，但是给工人创造了贫民窟。劳动创造了美，但是使工人变成畸形"。由于阶级的对立，不同阶级的利益不同，劳动的价值也不同。在资本主义大生产背景下，劳动为富人创造了美，却为穷人创造了畸形。

李泽厚的"实践美学观"从 20 世纪 50 年代提出后，深深影响了当时的中国美学界，并成为 20 世纪 80 年代中国美学界直至今天的美学讨论话题。实践美学理论初步形成于 20 世纪 50 年代末 60 年代初，正式形成于 20 世纪 80 到 90 年代（祁志祥，2017），代表性著作是《美学四讲》。20 世纪 50 年代美学大讨论中，李泽厚以学术新锐的身份与学术前辈进行了一场关于美学本质的大讨论，以重实践、强调"美是客观性与社会性相统一"的论点逐渐崭露头角，提出了他的既坚持客观唯物主义，又坚持辩证、历史的唯物主义美学观的实践美学理论体系。

李泽厚的实践美学理论是在与蔡仪的客观论、高尔太的主观论、朱光潜的心物二元论的争论中建立起来的，包括了客观性与社会性相统一的实践美学观以及对美学、美论、美感论、艺术论等方面的系统理解。

（一）实践美学对蔡仪的客观论、高尔太的主观论、朱光潜的心物二元论的批判

蔡仪强调美的客观存在性，李泽厚认为美的客观论否定了美是依托于人类社会的根本性质，否定了美的社会性。李泽厚专门举例批判美是客观的，也是典型的论点，"典型是物质的一种种类自然本质属性。高级的自然种类属性比低级的美。那么，苍蝇、老鼠、蛇就一定要比古松、梅花美了。那么，直树一定比弯树更美，大柏树一定比矮丛林更美，因为前者更'典型地'显现了植物的'均衡对称''生长'等自然种类属性。而月亮也一定是最不美的了，因为它只是最低级别的物质种类（无生物）。这一切显然只能是笑谈。"[1]

高尔太提出"美是人主观设立的一种标准，是人对事物的一种判断和评价"。李泽厚认为这种观点至少有两点站不住脚：一是美的产生必须由一个客观对象引起，这种观点没有表明美感的来源；二是美总要受客观对象制约。

---

[1] 李泽厚. 伦美感、美和艺术 [M]// 美学论集. 上海：上海文艺出版社,1982:24.

朱光潜认为美是个人主观直觉的任意创造，李泽厚认为这实际上是否定美的不依赖于被反映、被感知的个人主观的客观存在性。他们之间的讨论集中在美是来源于心还是来源于物、美是主观的还是客观的、是美感决定美还是美决定美感等几个核心问题上。李泽厚认为朱光潜的"主要错误"，"过去在于现在就仍然在于取消了美的客观性而在主观的美感中来建立美，把客观的美等同于、从属于主观的美感，把美看作美感的结果、美感的产物。"[1]

（二）客观性与社会性相统一的实践美学观

1. 美感与美的基本特性

李泽厚认为美学是研究客观现实的美、人类的审美感和艺术美的一般规律的学科，美学研究的重点是美感问题，美学研究的基本问题是哲学问题，是认识论问题。美感是哲学认识论的中心环节。

李泽厚提出美感的基本特性是美感的个人心理的主观直觉性和客观功利性，二者是相互矛盾、相互对立、相互依存、相互统一的。美感的社会功利特性有利于揭示事物之间的必然联系，揭示事物的本质特征，最终服务于人类需要。美感也具有主观直觉性，美感是长期社会生活经验积累的产物，也是长期环境影响和文化教养的结果。正因为美感具有主观直觉性才与人类其他的认识方式不同，具有不同于科学和逻辑的独有特征。美感的性质源于美的性质，美感的二重性实际上是美二重性的反映。美的二重性分别是客观社会性和具体形象性，美感的客观功利性可在美的客观社会性中得到解答，而美感的主观直觉性是美的具体形象性的反映。美是客观存在的，但美育客观存在的物质不同，它不是自然现象，而是一种社会生活现象和规律，是人类社会生活的产物。美的客观社会性就是指美是一种不能脱离人类社会的客观存在，包含了社会生活的属性、现象、规律和理想等客观存在。美还具有具体形象性，美是包含社会发展的属性和规律的可感的现实生活形象，包含了社会理解和人生现实的生活形象。作为美的具体形象性，如均衡、对称、性能、形态等，也就构成了美的必要条件。美的客观社会性和具体形象性实际上就是美的内容和形式，是相互统一的。美的本质就是现实实践的肯

[1] 李泽厚 . 美的客观性和社会性：评朱光潜、蔡仪的美学观 [M]. 美学论集 . 上海：上海文艺出版社 ,1982:54.

定，丑就是对生活实践的否定，美与丑决定于人类实践的状况，决定于人类社会生活发展的情况，美的本质必然来自社会实践，因此李泽厚的美学观被称为实践美学观。

2. 关于艺术形象特征"意境""典型""形象思维"的分析

艺术必须通过具体的感性形象来反映，包括社会生活属性、规律和理想，是美的社会性和形象性的统一。李泽厚分析了"意境""典型""形象思维"三个文艺理论聚焦的核心问题。

针对现实艺术创作中"以理胜"这个普遍问题，"美的客观社会性的内容以赤裸裸的直接的理性认识的形式出现"，艺术作品变成了公式化、概念化的说理，"歌曲成了口号，漫画成了标语，诗歌成了政论"。李泽厚认为有"意境"的艺术之所以美的原因，在于虽然本质是相同的，但却是典型环境中的典型性格，才能讲美的客观社会性和具体形象性达到高度的统一。与单纯美学形象、表演情感相比，"意境"是"更高一级的美学范畴"，它包含了形象，也包含了情感，扬弃了其片面性，抽取了其典型性，达到了一个完整统一、独立的艺术存在。"意境"包含了生活形象的客观存在方面，也包含了艺术家情感理想的主观创造方面，前者叫"境"，后者就叫"意"，二者是形与神、情与理的统一。

李泽厚通过本质与现象、必然与偶然、共性与个性的关系来解释艺术典型问题。他主张"典型作为个性体现共性的特点，其实质正在于它是在偶然性的现象中体现着必然性的本质或规律"[1]。艺术典型是特定的社会历史发展阶段的必然结果，可从具体的社会斗争中去分析典型的阶级性。艺术典型具有偶然性和个性，这是由艺术家创作的主观能动性、主观智慧赋予的，表现了艺术家的审美意识和审美理想。总之，偶然不能缺乏必然，个性不能没有典型，同时必然也不能缺乏偶然，典型也不能没有个性，否则就会导致艺术典型公式化和概念化。

"意境""典型"都是艺术形象的表现形态，艺术创作的过程实际是形象思维的过程。李泽厚从四个方面讨论了形象思维的问题。第一，形象思维肯定是存在的，它是用活生生的整体形象来反映现实和把握现实思维方式。第二，形象思维的实质和特点。形象思维与逻辑思维一样都是从现象到本质、从感性到理性的一种认识过程，是认识的理性阶段，只是不能离开感性形象去思维，在形象思维

---

[1] 李泽厚. 典型初探 [M]. 美学论集. 上海：上海文艺出版社,1982:290.

过程中其特征越来越具体、生动和个性化。第三，逻辑思维是形象思维的基础，通过逻辑思维使形象思维不断趋于深入，再往前发展就是世界观和方法论的问题了。第四，形象思维具有很多特色，随着艺术种类和形式的不同，随着创作方法的不同，随着民族特色的不同，随着艺术家个人的才情性格不同而展现不同的特色。

（三）实践美学的美学、美论、美感论、艺术论

李泽厚从 20 世纪 50 年代提出的实践美学思想，是在与美学大家们进行争论的过程中阐述的，内容较为分散，需要进行系统的梳理，于是李泽厚在四次演讲记录稿基础上写成的《美学四讲》成了其实践美学的纲领性著作，成了我们学习研究李泽厚实践美学思想的重要依据。

1. 实践美学的美学

李泽厚认为中国在结束了封闭状态之后，第一次跨入世界，与世界文明开始了真正的对话和交流。现代西方美学主要从心理上来讲艺术，强调艺术的非功利性的审美特征，而中国现代美学主流是马克思主义美学。马克思主义美学是一种艺术理论，更确切地说是一种艺术社会学理论。无论怎样，我们坚持的马克思主义美学要与时俱进，联系《巴黎手稿》的美学意义，联系时代，联系世界，走向人类本体论的美学。从引入马克思的"自然的人化"，到回到康德的主体论哲学，提出美是自然的形式、意境等核心命题的本体论实践哲学美学，到提出任何美学都必须落实于个体的人世情感体验的实践生存论哲学美学，李泽厚的认识经历了从实践认识论到实践生存论再到个体生存论的转变。他认为美学是以美感经验为中心，是研究美和艺术的学科，有一定的适用性，要充分探讨"生""性""死"与"语言"等概念，不是详细分析审美经验，而是要讨论陶冶性情、塑造任性，建立新感性。

2. 实践美学的美论

根据《说文解字》"羊大为美""羊人为美"释义，李泽厚认为中国古代汉语中的"美"与人的感性需要、感官直接相关，是客观物质的感性存在，同时也具有社会的意义和内容。在现代汉语中，美通常有三种词义：一是感官愉快；二是把高尚行为范畴的仰慕、敬重、追求、学习作为一种美来加以观赏、赞叹；三是使人产生审美愉快的事物、对象。李泽厚不是从《说文解字》来理解美的，他

采用了大众审美对象法并在西方美学范围内来理解美的现象，认为"美"这个词主要包括三层含义：审美对象、审美性质（素质）、美的本质或美的根源。审美对象的出现需要具备一定条件，这个条件就是有欣赏主体、有欣赏实践、有经历人的审美感受和审美态度。作为客体的审美对象如果不被人这个主体所作用就不成为审美对象。

审美性质指的是由审美对象的客观性质、因素、条件构成了对象、事物的美。一个事物能否成为美的对象，仅仅具有一定条件还不行，还需要对象具有某些成分，即具有审美性质，人对审美对象的性质进行论证才产生了美感。这些客观性质、因素和条件包括古希腊讲的比例、和谐、变化统一和数学规律性，文艺复兴时期讲的黄金分割律，古代中国讲的五音、五色的协调和谐，等等，美具有一定的客观性质和规律。

美是如何产生的，美是如何从根本上变成可能的，这就是美的根源或美的本质问题了，这就解释了审美性质构成的比例、对称、和谐、秩序、多样统一、黄金分割为什么具有审美性质。他认为美的本质或美的根源要坚持"自然的人化"学说，这是马克思主义实践论在美学上的一种具体的表达，可以称为主体实践美学。这种自然的人化过程或美育实践可以认为就是人类制造和使用工具的劳动生产过程。美的一般规律或特征，如对称、均衡、比例、和谐、节奏、韵律等，正是人类的生产生活实践过程从具体变成了抽象，不仅有形式美，也有社会美，或者说是人类的社会实践创造了美。

3. 实践美学的美感论

李泽厚首先提出建立新感性主张，也就是建立心理本体，特别是建立情感本体。这种新感性渗透着社会性、理性的主体直觉性，以情感本体为主的人类及其个体的心理本体。这种新感性既具有动物生理的感性，但又区别于动物感性，因为是由人类自己历史建构起来的，因而渗透着理性。美感的本质则在于内在自然的人化，与美的本质是外在自然的人化相对应。内在自然的人化包括两个方面：感官的人化主要表现为感性形象的非功利性、自然的呈现，情欲的人化是自然情绪情感的理性化、社会化、功利化，因此这种美感本质包含两重性：感性、直观与非功利性，超感性、理性与功利性的。

李泽厚认为美感运行的过程分为最广义的美感、广义的美感与狭义的美感三个层次。第一层次是最广义的美感，又叫审美意识或审美心理，包括审美态度、审美注意、审美知觉、审美愉快以及审美观念、审美趣味、审美理想等全部美感活动。第二层次是广义的美感，包括审美知觉和审美愉快。第三层次是狭义的美感，专指审美愉快。其中最广义的美感分为前后三个阶段。第一阶段是准备阶段，其审美态度具有超功利、超实用性，审美注意则是审美态度的具体化。第二阶段是实现阶段，通过审美知觉产生审美愉快，包括了审美感知、理解、想象、情感等心理成分。其中审美愉快是狭义的美感、一般意义上的美感。一开始审美对象可能是让人不愉快的，但经过审美判断得到了某种精神满足，精神上就变成愉快的了。第三阶段是成果阶段，经过审美判断、审美经验积累，总结归纳出审美观念、审美趣味、审美理想等心理成分，形成人的审美能力。

李泽厚认为审美能力形态展现叫审美形态，可以分为悦耳悦目、悦心悦意、悦志悦神三个方面的审美形态。其中，悦耳悦目是指美感不仅包括单纯的感官愉快，也包含想象、理解、情感等成分；悦心悦意指美感由外而内，深入内在心灵，其中主要指情感心意，是感性与理性、社会性与自然性的有机统一；悦志悦神具有某种超道德意义，超越人生感性境界，是人类所具有的最高等级的审美能力。

4. 实践美学的艺术论

李泽厚是从主体性实践哲学来给艺术下定义的。他认为艺术作品是艺术家对现实的审美性质的物化，是读者对物化作品普遍产生的愉快反映的审美形态，因而艺术本体实际上是心理本体、情感本体。艺术实际上是各种艺术作品的总称，只有当这种作品成为在生产实践或审美实践基础上已经被自然人化为人性主体情感本体时的对应物，才能称为艺术作品。许多人工艺术作品，如中国的青铜器、埃及的金字塔、欧洲的教堂等有明显宗教的、伦理的、政治的、社会功利目的的价值和意义，而不是为了审美观赏，更不是纯粹的艺术作品。在物质生产劳动中，展现和扩充生产主体的各种形式感受，建构特定的审美心理结构，主要包含情感本体的心理主体。当实用功能逐渐褪色时，真正纯粹的艺术品才得以产生，艺术作品与人们对审美心理相互建构、相互作用，现实地存在于人们的审美经验之中。艺术作品分为形式层、形象层、意味层三个层面，形式层对应美感的悦目悦耳，形象层对应美感中的悦心悦意，意味层对应美感的悦志悦神。

李泽厚的实践美学突破了西方美学的特定框架，开创了中国现代美学的独特体系，奠定了中国当代美学学科的基础和发展方向，在现代中国美学史上占有重要地位。

第二节 小学纯美教育的基本内涵

一、纯真美好——教育要尊重儿童的身心发展规律

（一）小学儿童的身心发展特点

1. 小学儿童的身体发展特点

小学儿童的身高和体重快速增长。小学生的身高和体重的增加基本上保持了一种较为平缓的发展速度，直到进入人生的第二个生长发育高峰，这个时间点在十一二岁，这个时候小学儿童的身高和体重开始进入第二个发育高峰，每年的身高平均增加 6～7 厘米，体重要增加 8～10 斤，直到青春期以后才变得缓慢起来。在身高、体重、肩宽、骨盆宽等几个方面的发展，男女儿童会出现两次交叉，第一次交叉时间在 9～10 岁，这个时候女孩各项指标的发育水平都超过了同龄男孩，女孩青春期发育呈现突飞猛进的特点。第二次交叉时间点在 14～16 岁，这个时候男孩身心发育各项指标开始追上并超过同龄女孩，男孩开始进入青春期发育的突飞猛进阶段，而女孩的发育则进入了缓慢增长阶段。自此之后，男孩的身高、体重等各项指标的发育都会处于相对较快的发展状态。

小学生体内的机能开始发育变化。心脏和血管发育变化最先表现出来。有人对儿童心脏和血管的发育做过统计，个体在 12 岁左右达到或接近成人水平，可以说心脏和血管在小学阶段都在不断地、均衡地增长。由于他们的身体处于快速发育时期，新陈代谢快，血液需要量较大，所以心脏只有快速运动才能满足血液循环的需要，因此小学儿童的脉搏每分钟跳动的次数较成人要快。一般成人的脉搏每分钟跳动 60～80 次，可 7 岁男孩平均每分钟要跳动 87 次，女孩则要跳动 89 次；12 岁男孩要跳动 82 次，女孩则要跳动 84 次。儿童的肺及其功能也在均衡地发展着，儿童的肺一般在 7 岁时已基本发育完成。儿童的肺活量发育情况是，7 岁男孩的肺活量平均为 1342 毫升，女孩为 1213 毫升；可到 12 岁时，男

孩的肺活量可达到 2200 毫升，女孩增加到 2077 毫升。儿童的骨骼和肌肉的发展是一个逐渐完成的过程。一般来说由于小学儿童身体发育速度较快，其骨骼较柔软，骨化尚未完成。小学儿童的肌肉也是一个逐步发育的过程，大肌肉最先发展起来，小肌肉 5 ～ 7 岁时才开始发展，直到进入青春期以后儿童肌肉才出现发育的高峰期。所以，初入学的小学生学习容易疲劳，写字工整度也不够。因此对刚入学的小学生写字等学习不能提出过多过高的要求，要随着身体的发育成熟和学习的深入逐步提高要求。

2. 小学儿童的心理发展特点

由于小学生自身的生理发育及其生活、社会环境的变化，小学生的心理发展具有以下特点：

小学生心理发展的快速性。儿童进入小学后，学习、生活、社会交往都遇到了各种各样的新问题和新要求。在解决这些问题和适应这些新要求时，他们的经验、技能和各种能力快速地发展起来。如在遵守校规校纪的过程中，锻炼、培养了他们的自我控制能力和自我约束能力；在与老师、同学的人际交往中，他们的自我意识和社会交往能力、独立活动能力能快速发展起来；在参与各类学校组织的集体活动中，他们的集体意识、集体责任感也能迅速地发展起来；在各种游戏与学习活动中，他们学会了运用事物、现象、事实等进行判断和推理，感知、记忆和思维的发展出现了一些新特点，如从动作思维向具体形象思维再向抽象思维的过渡。

小学生心理发展的协调性。小学生的心理发展呈现出协调发展的趋势，这与小学生自身协调、平衡的生理发展特点紧密相关。小学生的身体形象、身体机能等方面与婴儿期和少年期相比，呈现出明显均匀和平衡的发展特点。有研究者（弗洛伊德）将小学生时期形象地称为"潜伏期"。小学生可以将道德知识内化、系统化，并指导外部行为以形成相应的行为习惯，小学生的纪律观念与遵守规则的意识占据着相当重要的地位。

小学生心理发展的开放性。小学生的心理犹如一块白板，其生活经验有限，内心世界单纯，各类心理活动显得纯真、自然，不加修饰，喜怒哀乐常溢于言表。因此，与小学生沟通简单通畅，容易形成师生之间、亲子之间融洽的人际关系，同伴友谊也容易稳定。

小学生心理发展的可塑性。小学生的心理活动虽然处于快速发展时期，但由于其过渡性的特点，他们的感知觉、思维、个性特点、品德和社会性等方面都还很不稳定，特别是人生观、世界观、价值观等核心的人格特点还处于相当幼稚、初级的阶段，这为培养良好的心理素养、人格特点，改变不良的行为习惯留下了较大的空间，体现了其心理发展的可塑性特点。

（二）小学生审美心理特征

小学儿童阶段的审美活动有其独有的特征，认识小学儿童独特的审美特征是开展小学儿童美育的必要前提。

1. 儿童的审美活动是天生爱美、绝美纯真的

儿童的审美是单纯真挚的。童心虽单纯幼稚，但却是纯真的、博爱的、直接的，甚至是创造的。纯真是纯洁天真、朴实无华，简单说就是"绝假纯真，最初一念之本心"。绝假纯真就是说儿童总以天真无邪的眼光看人和事物以及它们之间的关系，以真诚的感情对待周围的每一个人和每一件物。要是有谁作假，那就是"假的"；如果有谁欺骗别人，那也是"假的"。绝佳纯真代表真诚直率、直言不讳、毫不掩饰。马斯洛说"自我实现者的创造性在许多方面很像完全快乐的、无忧无虑的、儿童般的创造性"，这种快乐是非凡成就者才可能得到的"自我实现"快乐，儿童审美中的这种天然的创造性使儿童对于美、艺术有一种天然的、完整的、默契的适应性，甚至可以说每一个天真无邪的儿童都是"艺术家"，人类天生就是"艺术家"。

儿童会把爱奉献给这个世界，这种奉献不分尊卑贵贱，简单直接。曾有这么一个关于小女孩的故事：一个小女孩与一个残疾老奶奶住在一起，老奶奶因为残疾长期卧床，终日不见太阳。一天，老奶奶眼巴巴地望着窗外的太阳感叹道："我要是能到外面去晒会儿太阳，那该多好哇。"小女孩听了，就跑到阳光下用裙子像装水一样装了一兜的"阳光"，准备送给老奶奶。可是一到屋檐下，阳光就不见了，她急哭了。老奶奶感动地说："孩子，我已经看到好多阳光了，我看到你带进来的阳光了。"小女孩听了马上破涕为笑，重新变得高兴起来。奶奶看到的"阳光"不是真正的阳光，而是小女孩那颗善良、单纯的爱心，那颗美好的心灵。正是这种博爱、这种无私的爱，才使人间多了一份温暖，增添了一份和谐。

小学儿童常常会把自然界的动物甚至景物拟人化，赋予这些自然物包括花草

树木、流水游鱼等以思想感情，认为它们是有情义、有悲喜、有生命情感的。儿童把动植物视为自己生命中的一部分，关心它们的痛痒，关注它们的发展变化，因它们的快乐而快乐，因它们的悲伤而悲伤。儿童审美心理就是真、善、美的化身，就是天真无邪的美的心灵，是儿童力量不懈的源泉，教育时需要去爱护和培养这纯美的童心。

2. 儿童的审美活动是直观的、形象的、奇特的并带有情绪性的

儿童视野开阔，喜欢新奇事物，喜好玩乐，对鲜艳的色彩、突出的形状、变动的形象、动听的乐曲、有节奏的旋律等客观事物的属性较为敏感，有着极强的感知力。但儿童对外界事物感知经验不足，不容易辨别细节与真假，观察能力不足。感知是对事物个别属性的反应，儿童就是凭借形状、色彩和声音等事物的个别属性或个别的感知特征来进行感知的，凭直观感受获得对事物美与丑的判断，即具体直观、可感的审美对象才能引起儿童美的感知，表明儿童审美感知活动的直观性。

小学儿童的思维从动作思维向形象思维再向抽象思维过渡，小学儿童实际上是在具体形象中思考的，这个具体形象就是从感知形象开始。如一个篮球滚到床底下去了，儿童不会想到其他办法找到篮球，而是直接钻到床底下去寻找篮球。因此在儿童的审美教育中，要善于把那些新鲜有趣、具体直观的形象展现在学生面前，不要过多地用抽象描述去进行枯燥的说教，让儿童在可视、可听、可触的形象世界中接受合适的、良好的教育。

小学儿童的想象力是奇特的，甚至是神奇的。儿童的想象没有习惯思维的束缚和偏见，天性好奇，无论是天上、地下的情景，人间的奥秘，动物的天堂……无所不想，海阔天空。儿童想象力具有年龄特征，低年级儿童的想象相对较为零散、肤浅，高年级儿童更为深刻、概括和接近现实。如同样是写景物的作文，低年级儿童写得较为零散、具体，联想力和表现力不足，可到了高年级就大不相同了，他们会用各种修辞手法，描绘一幅极富情趣的现实图景。

儿童在进行审美表达时容易赋予很多无生命的东西以生命，让无情感的自然景物有情感。他们会说"春天就像小孩子的脸，说变就变"，他们能体验到蓬勃生机的小草、欢唱的小河水、欢声笑语的小鸟，以及小鸟被拔完羽毛那悲伤的哀鸣等，这些都是小学儿童情绪丰富的表现。他们往往会倾注真挚的爱意、浓烈的审美激情，他们联想活跃、思维畅通、精神激昂、想象奇妙，他们的天真无邪、

毫无束缚和自由常常能让他们迸发出创造美的激情。

3. 小学儿童审美活动是鲜明的、有趣的和优美的

儿童审美活动往往偏爱那些外观或内质具有鲜明性的对象，而且主要针对审美对象的外观形象包括形状、色彩、声音等，也针对真假、善恶、美丑等方面，具有鲜明的界限。小学儿童常常对鲜明的色彩、清晰的形状、激越的旋律、动听的乐曲、诱人的香味等鲜明的审美对象做出审美反应，表现出特别的关注。如儿童挑选书包、铅笔盒等学习用具往往都有鲜艳的色彩、外观美的主要特征；儿童喜欢看花，那是因为花有动人的色彩；儿童爱湛蓝的天空、闪闪的星光、皎洁的月色、绿绿的松树等是因为它们具有鲜明的色彩。对于音乐，儿童也更喜欢那些节奏快、旋律简洁流畅的曲目，如《少先队队歌》《闪闪的红星》等。

儿童天生是个趣味主义者，凡是让他们感到有趣的都能让他们入迷，废寝忘食，并以此作为审美判断的重要标准。当孩子沉迷于有趣的玩具、游戏、电视剧时，别人去打扰，他往往会不高兴，即使成年人或伙伴使劲叫他，他也会置之不理，这个时候再好吃的东西，对他也毫无吸引力，可见富有趣味的活动往往能够轻松地拴住儿童的心。如儿童特别喜欢玩沙子，是因为沙子可以用来盖房子、造水库、做铁路，还可以堆人像、挖地堡、打地道战等，有无穷乐趣，儿童当然愿意醉心于这样有趣的活动中了。有的儿童为了找到这种趣味性，甚至愿意为此付出眼泪、皮肉之苦，可见审美活动的趣味性对满足童心需要是多么重要。

儿童也是一个天生的神秘主义者，他们对外界的事物都很好奇，保持着强烈的探知欲。凡是能满足儿童需要、激发儿童想象力、作为儿童的内心生活乐趣的对象，儿童都愿意且乐于接受。比如大街上那浩浩荡荡、整齐而有序的迎亲队伍，就能引起儿童强烈的兴趣，他们会一下子跑到东边，又跑到西边，显得特别淘气，这实际上是让儿童沉迷在童话王国里，他们向往这种温馨的场景。儿童审美选择的新奇性，让他们可以任凭自己的想象飞翔，让他们探求新知的欲望获得极大的满足，平淡无奇的东西往往难以引起儿童的审美反应。儿童喜欢听童话故事，喜欢看电视动画片，那是因为童话故事中的那个世界就是儿童的世界，因为那个世界是那样神奇独特。

儿童喜欢优美的景物、壮美的河山以及悲剧和喜剧。其中，优美具有和谐、统一、协调、平和的特征，如细条柳枝、小桥流水、荷塘月色等，给人以优美和谐之感受；其中，壮美具有矛盾、竞争、运动、力量等特征，代表一种阳刚之

美，如险峻的高山、疯狂的波涛、高尚的品德、崇高的精神等，给人以伟大、雄性的感受；悲剧具有沉重、悲伤、惊心动魄、激发升华等特征，给人一种悲情激扬的感受；喜剧使人感到滑稽可笑，给人以轻松愉悦的感受。美的各种形态常常交织在一起，而儿童更喜欢优美的形式，因为这种美浑然天成、自然和谐、不加雕琢、不施修饰，其本质与儿童的天真烂漫、纯洁无瑕的童心是天然同质的。

4. 儿童审美活动是夸张的、移情的和即兴的

天真烂漫、淳朴自然的童心也造就了儿童审美创造的强大源泉和动力，儿童的审美活动表现了成人无法比拟的、非凡的一面。小学儿童生活在一个特定的童话世界里，一切都充满神奇的童话色彩。当客观事物进入儿童的世界时，就会被贴上想象的成分，在求知欲和想象力的推动下，产生的新形象大胆而夸张。如儿童在作品制作、游戏活动等方面，可能会用到超出语言符号限制的形象和手法，创造出一个奇异的新世界，使得事物的某些特征极度地夸张化，这样可能使事物更鲜明、更突出，更具有审美特征。

儿童在审美活动中常常会把人的感情赋予到审美对象上去，使无生命的物体变成有生命的有机体，使无情的自然物沾上了人的思想情感色彩，情、物相通，物、人相通，情、美相通。儿童在审美活动中的移情与成人的审美创造还有本质的区别，儿童的审美移情带有童心、童话的审美想象，如儿歌中唱的"风儿风儿／真顽皮／弄散了花姐姐的蝴蝶结／"等带有明显儿童的天真、纯洁自然的特点。

儿童审美活动无意识、主观想象占了很大成分，具有一时的灵感和随意化特点，如果儿童有审美创造，那就是属于即兴化的表现方式。儿童写字画画，虽有一定的程序或顺序，但细节的处理往往是随意的，甚至有的儿童写字或画画带有明显的"涂鸡"式的特点，常常是想到什么画什么，想到哪里画到哪里，随心所欲。小学生在作文、看图作文或说话、课间游戏活动中也具有信手拈来、随心所欲的特点。如他们在写作文时不太考虑文章的章法和结构、语言的连贯与修饰，很少对自己的作文进行反复阅读和认真修改。游戏活动时也不会太考虑规则，自己想怎么玩就怎么玩，想到什么就可以临时变动规则或临时做些什么变动，所以对儿童来说同样一个游戏，每次的玩法往往不同，过程细节也有差异。儿童审美活动中的随意性、即兴性不能认为是注意力不集中、三心二意的表现，我们不能用成人的眼光去看待儿童的审美表现，否则只会抹杀儿童的审美天性。

二、纯正美好——美育要能促进人的全面发展

（一）儿童美育在儿童全面发展教育中具有基础性的地位和作用

教育必须服从和服务于培养人的高尚品德、健全人格、健康体格、扎实知识和能力素养的社会主义建设者和接班人的教育目标，即在德、智、体、美、劳方面都得到全面、协调的发展，真正成为富有生机与活力的现实个体。美育正是以完整的人、未来的人为对象，把个体的全面、平衡、健康协调发展作为自己的终极目标。美育以其特有的性质、功能和现实路径，在全面发展教育中占有基础性的地位。

人们对客观事物的认识和探索都必然经历一个从具体直接的动作探索到形象思维再到抽象思维的过程，其中，感知是基础，形象是过渡，思维是深化。儿童美育的一个重要功能就是通过美育活动发展儿童的感觉能力、知觉能力和观察能力，使之为向更高层次飞跃奠定坚实基础。对感觉中的视觉要求不仅是看得见，还要能看出特点、差异和细节；对听觉，不仅要能听得见，而且要能听出特点、听出规律来。儿童美育的要求就是以形象性原则为基础，尽可能地为儿童的感知能力进行充分的训练和提高。同时，儿童教育包括美育的目的是使儿童得以自由、充分、全面的发展。儿童有很多天性，包括交流的天性、戏剧的天性、美术的天性、音乐的天性、探究的天性等，这些天性与审美均有或多或少的关系，因此，美育具有开发人的潜能，促进人的全面发展功能，从而成为全面发展教育乃至整个教育的基础。在儿童教育中及早渗透、实施美育，能够避免各类教育功能的片面性，使儿童与生俱来的天性不至于因教育的缺失或年龄的增长而丧失。儿童接受教育的过程不是被动的接受过程，他们绝对不是被动接受知识或被教师纳入的学习机器，否则只能让儿童成为畸形发展的人，而不是全面发展的人。儿童对外界信息的接纳是一个主动积极的探索过程，这种主动、自由、积极的探索使儿童的潜能得以释放，知识得以丰富，能力得以提升。德育、智育、体育、劳育等全面发展教育的其他组成部分应以自由自在的美育为基础，使美育成为整个教育的基础，将教师的积极引导和儿童的主动探求结合起来，尊重儿童个性，突出儿童主体，对儿童的兴趣、需要、能力等差异予以充分考虑，摒弃那种呆板的、填鸭式的、居高临下的教育方式，以审美化的教育为方向，使大部分教育过程充

满生机和活力，让教育成为一门艺术。

（二）儿童美育是释放儿童天性、促进素质教育的重要途径

人们接受教育的目的一直都存在一些误区，大部分不是为了发展品德、健全人格、提高素养，而是为了"跳跃龙门""学而优则仕""金榜题名"，或是为了训练某种技能，获得某种谋生的手段。因而，学校在某种程度上成了"加工场"，学生则成为按照社会的某种规格要求，批量生产加工出来的产品，这从根本上忽视了受教育者是有生命、有情感、有独立人格的主体存在和需求。教育活动仅仅是把人按照社会的要求进行加工改造成某种"物"的工具，或者加工成某种"产品"，学生作为人的情感、兴趣等被限制，活泼、创造的天性被扼杀，这就使得人本身具有的地位下降了。

我们不否认教育所具有的工具性质，因为教育作为人类的一种社会活动不可能没有一定的外在规范，但教育是对人这个特殊主体的教育，应更关注人本身的主观性和天性，关注教育对象的整体素养的提高和完善，关注对象的求知欲望、情感需求、个性解放与升华的愿望，教育应该是促进人综合素养的教育。儿童美育恰以它对人的感知、需要和兴趣的特有关注，以它释放人的天性促进审美解放和升华的特有功能，成为素质教育的重要组成部分。儿童主体在教育过程中是有个性、有情感的，儿童接受教育的目的包括获取知识、训练技能，但需要以个性、情感的压抑为代价，知识、技能只是某种静止的东西，人发展最根本的还应是素质的全面发展、情感的全面释放和升华。

（三）儿童美育是促进智育、培养新时代杰出人才的必要手段

人类智力是通过大脑来实施的，脑是人类进行智能活动的主要器官，有完整的有机系统组织。左右大脑既有分工又紧密配合，其中左大脑控制右侧肌体的感知运动，是处理语言、逻辑概念，进行抽象思维的中心，是数学大脑；右大脑控制着左侧肌体的感知觉和机体运动，是处理图像识别、节律、色彩感知、形象信息以及其他非语言信息的中心，是形象的艺术大脑。传统教育重知识、重理论、重智力发展，主要针对的是左大脑的功能，而右大脑的功能开发被忽视了，因而不仅不利于儿童智力的发展，反而会限制和阻碍人智力的全面协调发展。

儿童美育特有的形象性、具体化、经验化、感知性等特点对开发右大脑的功

能、补偿左大脑的功能，对促进思维的过渡、形象思维和抽象思维的有机结合，使左右大脑的思维能力得到全面协调的发展具有重要意义。审美感知觉的过程促进了审美观察力的发展，释放了儿童固有的天性，增进了儿童心智的经验，促进了儿童的敏感性，这一过程使充满理性抽象内容的智育活动具备了感性基础，能够达到感性与理性的有机融合。儿童对纯真美好的事物、美好的未来有无限的追求与向往，这需要儿童通过美的创造来满足自我对知识的内在要求，使自己不断向更高层次的思维阶段跃进。儿童具有丰富的想象，而且是自发的、不知足的。儿童美育通过培养儿童的审美想象力，并与逻辑思维相结合以创造世界和改造世界，反过来又满足了儿童对知识、对世界的认识和探索欲求。想象、对知识的渴求与对美好事物的追求是一个整体系统，它们相辅相成，缺一不可。没有想象，就没有对未来美好生活的追求，当然就不会有对知识、对科学的渴求以及智力的高层次发展；反之，没有知识、科学的约束、影响，想象就会天马行空，情感也会被扭曲。因此，小学美育与智力的培养不仅能促进左右大脑的平衡发展，而且能够彼此融合，互相补充，互相促进。

智力的发展与审美情感的发展密不可分，审美情感在保证儿童平衡协调发展上起着非常重要的作用。科学知识本身并不存在什么情感因素，科学并不是天生就需要审美情感，但是儿童是情感特别丰富的个体，审美情感会成为科学知识必不可少的内在动力，只有在儿童审美情感的冲动下，才能使儿童具有追求科学知识的强大内在活力，使儿童以积极、主动、创造的心态去认识世界、探索世界，达到身体、心灵、智慧、情感的协调发展。若个体情感被压抑，个性被扭曲，其智力发展也会被扭曲，德育、智育、体育等方面很难得到全面协调的发展。因此，要培养儿童的智力，提高其认识能力，就必须要释放和升华儿童的审美情感，把情感的培养和智力的提高有机结合起来，把学生当作一个活生生的个体，充分尊重其作为人的尊严与价值，使学生在感性与理性、形象与思维、情感与智力方面都得到全面平衡协调的发展，成为真正全面发展的生命个体。

（四）儿童美育是落实立德树人根本任务的重要途径

《中共中央关于全面深化改革若干重大问题的决定》提出了"坚持立德树人""改进美育教学，提高学生审美和人文素养"的明确要求，儿童美育对落实"立德树人"的根本任务具有不可替代的作用。德，一方面指一个人诚信、仁义的道德品性；另一方面是指要求人们遵守的社会行为规范，既是个人立足于世的根本，也是社会秩序不至于陷入无序和混乱的保证。社会主义社会的德与其他社会阶段的"德"具有本质的区别，因为社会主义社会是以公有制为基础建立起来的新型社会形态，打破了原有私有制社会的个人道德，倡导的是以为人民服务为核心、以集体主义为原则的新型道德。立德，才能修身，才能德行高尚，才能实现自我的人生价值，并为后世树立榜样。"树人"就是树德，即要培养修身立家、德行高尚的社会栋梁之才。所以立德树人，就是立社会主义之"德"，实现社会主义的教育目标，培养社会主义事业的建设者和接班人。

美育侧重于情，德育侧重于善，美育与德育的关系是建立在情和善基础之上的，是相互联系、相互融合的。美育是将人的力量通过感性的形式表现出来，实现人的本质的对象化；而德育是要将课题规则转化为对主体生存发展有用的积极因素，实现客体的主体化，所以两者的本质是一致的。"美"追求的是构成事物的不同组成部分、事物与事物之间的和谐，而"德"追求的是人和人之间的和谐，两者具有内在一致性。美育作为一种外在感性活动，侧重于情；而道德更多的是一种内在理性活动，是在一定观念支配下的自觉行为。情与理虽有不同的产生主体和作用主体，但却是彼此贯通、相互作用的。没有情这个前提与条件，将导致理智的混乱；同样，没有理的规范和引导，将导致悖乱的情感。只有理智和情感的和谐相通、相互渗透、相互影响，才能有理智的情感与具有高尚情操的理智。美更多的是表现为直观感性的具体形象性内容，以优美、壮美，悲剧和喜剧等形式表现出来；而善则侧重于概念性内容，传递的是一种精神，更多的是一种无形的、渗透性的精神。两者之间是形与神之间的关系，美的形离不开德的神，人们在欣赏美的事物时必然受到其崇高精神的影响。

儿童美育具有以美导善、以情化人的重要价值，是落实立德树人重要任务的重要途径。首先，以美育德，有助于树立社会主义的道德观念。"知之者不如好之者，好之者不如乐之者""仁言不如仁声之入人深也"等古代思想，都阐述了美育的重要育人价值。儿童美育应以儿童最喜爱、最容易接受的形式激发审美情趣，引发儿童的审美情感体验，释放儿童的天性，使之不受内部规则的束缚，也不受外部客观世界的制约，能自觉地接受社会主义理性道德观念去追求美、认同美，当然也接受其中的道德内涵并内化为自己的道德品质和道德行为。其次，以美怡情有助于激发崇高的道德情感。美育通过激发人的情感、感化人的心灵来实现教育人的目的。欣赏美、追求美、创造美，人的内心便获得了一种愉悦的情感体验审美情感。审美欣赏、审美创造、审美追求活动本身就是思想道德情感的培养过程，它能使人们在表现一定的道德品行、接纳某一道德观念时及时在内心获得积极的情感支持，从而强化其道德观念和道德品行。最后，以美导行有助于调控儿童自觉的道德行为。儿童美育不是强制性的，是高度自觉的、"随风潜入夜、润物细无声"似的自然渗透于儿童的学习和生活，使他们在学习、生活与社会实践中自觉主动地以道德规范、以美的标准调节和约束自己的行为。儿童的道德发展规律遵循从他律向自律的转化过程，儿童美育通过形象、经验、感性的过渡更有助于促进儿童从感受美、追求美向语言美、行为美、形象美自觉转化，最终实现个体美、社会美、自然美的和谐统一，落实立德树人的教育目标。

三、纯雅美好——儿童美育是艺术化的教育

儿童美育以形象为手段，以情感为核心，实现人的心灵、行为、智慧和素养的全面发展，是一种通过感性形象、爱美天性来激发人们的兴趣，将感性形象教育、情感态度教育和理性人格教育融为一体，进而促进理想、情操、品行和人格完善的一种教育形式。蔡元培说："美育者，应用美学之理论于教育，以陶养感情为目的者也。"美育通过树立、端正学生的审美观念，陶冶对象审美情趣，净化学生心灵，美化学生生活的教育过程，努力培养、提高学生感受美、欣赏美和创造美的能力。

（一）发挥课堂教学主渠道作用，把美育渗透到各科教学中

我们通常理解的美育不是单纯的一门课程，而是一种大教育理念，不能把美育责任限制在音乐课程、美术课程上，美育的任务应该贯穿于教育的每一个方面，课堂教学是美育的主渠道、主阵地。在各门课堂教学中具有美育意识，重视美育，做好美育工作，才能让学生在学校接受教育、获得知识的同时培养他们美的认识、表现、欣赏和创造能力，为实现立德树人，促进学生的全面发展打好基础。如语文课的课堂教学上，教师运用美学原理、美学手段，通过阅读课文、欣赏课文背景、创作某种文学作品，使学生去理解美、欣赏美、创造美，领悟作品中的感情和韵味，培养学生对语文的学习兴趣和学习感情，这样能较好地调动学

生学习语文的积极性；在体育课的课堂教学中，通过对体育动作的规范训练，调整形成优美的肢体形态，养成公平的比赛态度等，培养学生积极进取、勇攀高峰的精神状态，实现促进身心健康的教育目标；在物理、化学课程教学中，各类形态、元素、组成部分的协调统一，往往能增加自然之美感，提高学生认识自然、探索自然的能力。任何一门学科的课程教学，只要有计划、有目的、有步骤、有针对性地对学生进行美育，把美育元素渗透到课程教学的每一个环节，都有利于培养高尚的道德情操、丰富的审美情感和兴趣、优美的审美表现力和创造力，达到儿童美育的目的。

（二）深化美育课程改革，建设多元化的艺术美育课程体系

艺术教育因为其固有的丰富的审美属性，在学校美育体系中占有非常重要的位置。任何学校的培养计划都要开齐开足国家规定的艺术课程，配齐艺术课程教师，增加艺术课程的深度和广度，适当增加艺术活动数量，提高质量，包括增加课时和学分，让所有学生都能受到艺术课程的美育熏陶。除了国家规定的艺术课程外，将一些属于第二课堂活动的艺术社团活动，如文学创作、诗歌朗诵、音乐、舞蹈、美术、科技小组等活动内容纳入学校校本课程计划，进行规范化管理，使其周期化、制度化、规范化，完善教学质量监控管理，使这些活动从可有可无的学生活动变成学校组织的常规活动，建立学校艺术类别的校本课程体系，有效实现专业课、艺术课与学生第二课堂的有机融合。当然第二课堂活动不只包括上述活动内容，还包括歌咏、书法、棋类、体育比赛等学科竞赛活动，也包括美术展览、艺术采风、夏令营等活动，这些活动对开阔学生眼界、增强艺术感受和领悟、丰富学生精神生活、满足学生文化生活需求、培养学生艺术思想和人文情怀等具有非常重要的意义。同时还要善于利用少先队队会或主题班会这个渠道去完成美育任务。在少先队队会上可以针对当前同学们关心的一些热点问题、热点现象展开讨论，以理服人、以情动人、以事感人，让学生在辩论中去区分真、善、美和假恶丑，做到以美引善，避免抽象的说理、生硬的灌输，遵循学生身心发展规律，贴近学生心理发展实际，更好地实现教育目的。少先队队会的内容与形式可以灵活多样，会议讨论的主题来源可以多样化，可以是某篇文章的感悟、英雄模范人物事迹、身边某个美好事物，也可以针对社会、校园里的某些不良现象进行有意识的引导：倡导那些符合社会主义核心价值观、反映人类美好理想、

反映民族优秀文化传统的思想，如热爱集体、团结同学、乐于助人、帮助弱小、感恩父母等；同时也要坚决对与美相对应的丑恶行为做斗争，如禁止说脏话、随地吐痰、说谎等，并形成行动的自觉。

（三）在体验、思辨及对话中提高学生审美能力

美学是感性认识的学科，美育是充满感性认识的教育。儿童美育过程侧重于情，但也有理性，离开了感性，审美欣赏、表现和创造无从辨析、思考和判断。如当我们在看某类战争题材的影视艺术作品时，看到血雨腥风、血腥悲惨的场面，不会让我们感到任何愉悦，它似乎没有什么审美价值，但经过思维过程中的分析判断、归纳综合后我们会发现一种民族大义的伟大爱国主义情感，显现了鲜明的审美价值。这样的思考和追问有助于促进学生审美价值判断，提高学生审美能力。审美能力是一种辨别力、思考力，它包括感知、记忆、想象、洞察等思维环节，也包括观察能力、记忆力、创造能力、审美鉴赏能力、预见能力等。因为儿童美育既具有感性也具有理性的特征，审美教育可以在一个具体的现实情景或田野间进行教学，围绕某个现象或某个作品本身，围绕某个具体形象进行辩论、对话、交流。这样的教学场景可以是美术馆、博物馆、音乐厅等。小学生由于其固有的感性心理特点，需要完成更多的审美体验式教育，这些审美体验更多的是在课堂中围绕教学目标及教学主题，设置特定的问题情景进行某种美育体验活动。叶圣陶有言："文学作品可以使学生领会到什么是美。花木山川的美，城市的美，道德品质的美，广大群众为伟大目标斗争的美，都可以从文学作品中得到深切的体会。"这些文学艺术作品有生动、精彩的语言，有美好、深沉的情感，有感人至深的故事，甚至还有极富哲理的思想，用这些作品去教育孩子们的时候，作品中的人物形象所表现出来的献身精神、爱憎分明的处世态度、情真意切的情绪情感，常常会让学生感同身受、崇敬赞美、由衷敬佩，潜移默化地影响着学生的思想，这对帮助学生树立正确的、健康的心理和审美观念，培养学生审美观念、审美能力具有重要作用。

（四）培养学生始终以好奇的眼光来看待世界

儿童美育应反映儿童的心理特征和发展规律，儿童创作喜欢活泼欢快，充满生活气息，用语与笔法常表现天真幼稚，但就是这种天真幼稚减少了墨守成规，

才有创造的火花，才有生活艺术的味道。小学儿童常常生活在一个童话般的王国中，好奇、幻想、追求、探索构成了儿童的生活，因此，我们反对那种违背学生身心发展规律，超越学生的心理特点和认知能力，用成人眼光对学生进行的教育，这种成人眼光看似对学生充满善意、期待，实际上阻碍了学生的身心健康发展，不利于培养学生的综合素养和艺术才华。我们的教育最重要的是能给学生提供一个环境，一个让学生感到好奇，能激发他们求知欲、想象力、创造力的天性释放、自由发展的环境，努力保护孩子那种看待世界的好奇眼光：一种新奇的、质疑的、渴望探索寻求答案的眼光，这是孩子发现美、表现美、创造美的求知冲动。儿童美育就是要去释放儿童的天性，解放他们的感知、思维、想象，也就是解放他们的大脑和双手。

求纯雅美好，指向了具体的教育形式，让教育过程、教育环节具有审美性，让教育成为艺术化的教育。"纯雅"的教育是艺术化的教育，教育的手段与方式充满了艺术性，充满了美感，而其实现路径就是纯美学堂。

第三节　小学纯美教育的目标

小学纯美教育的内在目标是培养善美、慧美、艺美、健美、勤美的小学生，外在显现目标是培养形美、言美、行美、思美、创美的小学生。

一、形美：培养干净、整洁的小学生

人是审美的主体，也是审美的客体。人是物质和精神的统一。美首先是指人本身美，因为人要有符合美的规律的容貌形象，同时也追求智慧和力量，追求优美的情感和高洁的品行，所谓"关关雎鸠，在河之洲；窈窕淑女，君子好逑"就是对形象美的描述。美丽的外表要求不仅有对称的造型、均衡的比例、流转的线条、弹性的肌肉，还要有光洁的皮肤、灵巧的双手、顾盼的眼神和微笑的表情。人类为了保持这种美丽，常常还按照自己对美的要求进行自身塑造，包括对自己的装饰打扮、言行风度等方面进行调整。人的形象美主要指的是人的外在美，包括容貌、形体、肤色、姿态、气质等外部特征。

（一）对容貌形象美的理解

容貌包括面容、肤色、毛发和五官等构成要素。容貌在形象美中占有非常突出的地位，因为它是人体美中最外露、给人印象最深刻的部分。从古至今，人们对容貌形象描述非常繁多，如《诗经》中有"肤如凝脂，领如蝤蛴，齿如瓠犀，螓首蛾眉"的描述，达·芬奇笔下的《蒙娜丽莎》"像谜一般的微笑"，美得令世人瞩目。中国人按照自己的审美习惯，对容貌美形成了一套约定俗成的理解标准，如对男子常用"眉似卧蚕""鼻如悬胆""剑眉星目""肥头大耳"等来描绘，对女子常用柳叶眉、樱桃口、杏核眼、碎玉齿、桃花面等来形容。在中国传统文化中，人的外貌与内心具有高度一致性，外貌也能反映人的内心世界。如"征神见貌，则情发于目"，即是说人的内心是怎么想的，一般都会表现出来，特别是人的眼睛最善于表达情绪，人的心理活动会通过眼睛自然地流露出来；再比如人在愉快时眉开眼笑，烦恼时愁眉不展、目光深透、目光呆滞、目光如炬、目送秋波、目不斜视等词都表达了人的某种情感。

（二）对形体形象美的理解

形体美包括了健、力、美等要素，是人的整体形态的美。为什么人们要追求蛇形线，因为这种曲线包括了各种对比关系，虽然复杂但却是统一的，所以人体舞蹈动作用蛇形线来表示美，修公路也用蛇形线来展现美。蛇形线的人体有时像一朵花，有时像柔软的容器，有时像弹弓，有时像花瓶，可以勾起人无限的想象。容貌上的欠缺可以用形体形象来弥补，如果形体形象不美丽，再漂亮也将黯然失色。而且容貌美是先天的，形体美可以通过后天练就。形体美的标准不是绝对的而是相对的，完美的形体形象应当是健康的、比例适宜的、形体匀称的。首先，必须是健康的，没有健康结实的身体，就谈不上形象美，林黛玉的"态生两靥之愁，娇袭一身之病"不应理解为真正的形象美。其次，各部位形体比例要匀称，整体干净整洁。例如肌肉发达、双肩对称、脊柱笔直、身体能正常弯曲如"V"形等。形体形象美有一定的先天因素，但更主要的是靠后天练成的，这需要严格适当地进行体力劳动，并坚持体育锻炼才能形成。小学生正是长身体的时期，身体形态有较大的可塑性，如果平时学习姿势不端正，长期不进行体力劳动或不参加体育锻炼，身体体形偏离正常轨道，身材不匀称、不协调、不整洁，势必影响形体的美。小学生形体美的观念已悄然发生改变，不追求浓妆艳抹，不追求妖媚，能够干净整洁，足以承受生活学习竞争的压力，担当起应有的社会责任，才能体现时代所要求的形体美。

（三）对姿态、风度形象美的理解

姿态、风度的美是个体在日常生活空间、社会生活空间表现出来的动态形式美，是人的内在品格的外在表现。如果一个人形体、长相都很好，但他的动作粗鲁、举止失措，这个人的外在表现就会严重破坏形体、长相的美，甚至给人留下不好的印象。姿态、动作美来源于相貌形体但又高于相貌形体美，这是因为姿态动作与人的情感体验联系很紧密。古人有"站如松、坐如钟、行如风"的说法，动作姿态风度美要求人的行为动作端庄、优雅，不矫揉造作。人的动作行为不同可在日常生活、社会生活中构成许多姿态风度，给人以不同的精神面貌，这就是人的气质。这些气质特点可以深刻地反映一个人的思想品格、精神状态、文化修养等。

（四）对人体修饰形象美的理解

人们为了追求美、实现美，常常借助于各种打扮修饰的手段，如衣着穿戴、发型设计、借助化妆品、整形装饰等。打扮修饰对于人的仪表形象确实会产生不小的作用，自古以来就为人们所采用，至今有很多修饰手段如修眉毛、穿耳孔等美容方法。每个人都有追求美的权利，适当的打扮修饰本是无可厚非、人之常情的，甚至可以说是一个人热爱生活，自尊、自信、自强的表现，是对工作、对社会、对他人尊重的表现，从而洋溢着浓烈的生活气息，因此人们对正常的打扮修饰不必要大惊小怪。小学生处于好奇心旺盛的年龄阶段，如果在此基础上仍然刻意地修饰打扮反而会影响人体形象美。如有的小女孩开始涂口红、袒胸露背、搽脂抹粉等，完全失去了少女应有的矜持和天然风采，像戴了一副面具一样，反而让人很别扭；有的小女孩或者不加节制、暴饮暴食，或者为了追求身段苗条，不惜摧残自己的身体，以绝食、束腰来减肥，这些错误做法都严重影响了身体脏器的发育和体质的健康，这是要严格禁止的。修饰打扮必须注意文化、民族和时代的特点，并且与个人的职业、性别、年龄、身份等相一致，才能做到和谐得体，否则就会适得其反。

二、言美：培养有礼、善言的小学生

儿童美育中的语言美就是发扬语言中包含的美育因素，引导儿童从美的角度认识语言，获得语言的审美感受，促进儿童的语言能力和审美能力的提高。

（一）培养儿童对祖国语言的热爱，激发学习兴趣

语言是思维的外在反应，学习和表达语言不仅是为了人际交往，也有助于人类认识世界和改造世界，甚至可以改造人自身。儿童在学习掌握语言时，便开始了认识世界、探索世界、吸收人类文明成果、认识人类自身的过程。语言是人类与动物本质区别的主要标志。一个民族的历史、文化、精神生活可以从该民族的语言里找到痕迹，所以要认识一个民族直接从认识这个民族的语言就能知道答案。由于语言固有的特征，学好祖国的语言，了解祖国的悠久历史文化，才能将自己和祖国紧紧联系在一起，把祖国与自己的生活、情感融合在一起，为祖国贡献自己的力量。儿童学会了祖国的语言文字，理解并融合了中华民族的心理、思维习惯和情感特征，才能真正理解中国，所以培养儿童的爱国主义情感，首先就是让儿童学习祖国的语言，让他们喜欢上祖国的语言文字，才能领悟祖国悠久的传统文化，才能把对祖国的热爱同自己的生命紧密联系起来，与祖国同呼吸、共命运。因而要让儿童充分学习认识到中华民族语言的特点，激发起他们学习研究中华民族语言的兴趣。汉语是世界上历史最悠久的语言之一，是世界上使用人口最多的语言，全世界有四分之一的人口说汉语、用汉语，汉语是联合国工作语言之一。让儿童充分认识汉语的字形、语调、词汇、音节等语言特点，汉语之美不断深入儿童心灵，从而让他们对汉语产生自豪感，引发对祖国语言的学习兴趣。

（二）充分认识语言美的特征，培养儿童的语感和话感

小学语文教材中的语言经过了教育工作者的反复锤炼，从文字内容、表达形式等都具有美的特征，是对儿童进行语言美育的主要手段和途径。对儿童进行语言美育首先要让儿童充分认识到教材语言美的内容和特征。一般来说，小学教材的语言美主要包括三个部分——文采美、音乐美和表情美，其中准确、恰当、生

动、形象的文章语言表现了文采美。如课文《翠鸟》中"有一次，我亲眼看见一条小鱼刚刚露出水面，翠鸟就蹬开苇秆，像箭一样飞过去，叼起那条小鱼，贴着水面往远处飞走了"，其中几个动词的应用非常优美，如蹬、飞、叼等把翠鸟的形象刻画得生动具体、惟妙惟肖，让人如临其境、如见其鸟。对语言词汇进行艺术性的编排，反映其节奏、旋律、回环等美的特征，诵读起来备感愉悦，这种形式美表现了音乐美的一面。语言如果赋予情感就变成了表情，语言美还可以通过表情体现出来，也就是用句式、语音语调等方式来表达情感，给人以美的感受，如结构紧凑、句式整齐、节奏押韵、音节匀称的语言，可以表现舒缓、平静、缠绵等情绪，相反，结构松散、句式混乱的语言则可以表达愤慨、激动、紧张、热情等情绪，表现了作品创作者不同的思想感情，即通常所说的话感和美感。培养儿童对语言美的特征认识和愉悦情绪体验，让他们懂得语言美为什么美、美在哪里，让儿童深切地感受到祖国语言的博大精深、丰富多彩，为更好地掌握语言工具奠定兴趣和认识基础。

（三）培养儿童美丽善言的语言表达能力

语言表达能力包括口头语言表达能力、书面语言表达能力，即如何更好地用语言来表达自己的思想感情的能力。小学语文教学中的听说读写能力，实际上就是要培养学生的语言表达能力，听读能力是培养语言表达能力的前提和途径，也就是要能培养儿童产生表达语言的冲动并让他们追求语言美感。儿童产生表达语言的冲动就是让儿童处于愉悦兴奋的状态，愿意并乐于将自己的想法说出来，就是不断有对自己的思想感情一吐为快的冲动。在表达语言的过程中，不仅要乐于表达自己的思想和感情，也要善于表达自己的思想和感情。善于就是能以审美角度衡量自己的言语行为，让自己的语言表达准确、生动、鲜明，引人关注，这会促进儿童认识形形色色的世界，认识形形色色的美。其中准确、规范是语言表达的基本要求，鲜明、生动是语言表达的较高要求，追求语言美感就是让儿童学会用生动、鲜明的语言表达自己的思想感情，思想是内容，情感是动力，只有生动、鲜明的语言才能感动人、吸引人。不要苛求儿童能使用较高水平的审美语言，但需要引导儿童敢于并善于语言表达，并追求语言表达的更高境界。

（四）发展儿童文明礼仪的语言交际能力

语言是人们进行人际交往的工具，儿童语言美育的重要任务就是让儿童学习文明礼仪的人际交往，包括培养真诚的语言交际态度，学习使用文明礼貌用语。儿童的童心就是以真诚的眼光看待世界，友好地对待他人，真诚地对待生活，儿童美育的任务就是发扬这种真诚的交际态度，用真诚礼貌的语言培养人与人之间和谐友好的人际关系，这需要为儿童建立真诚、友谊、和谐的语言氛围和人际氛围，让他们从这种氛围中得到爱，得到情感上的愉悦和满足。文明礼貌用语能反映一个团队、一个民族，甚至一个国家的心理成熟、文明程度和良好精神风貌。如果一个人语言彬彬有礼、优雅得体、诚恳端庄就会给人以文明礼貌，有涵养、有知识的良好印象。相反，如果一个人语言表达蛮横无理、脏话连篇，就会给人愚钝粗鲁、没有教养的印象。儿童语言美育就是要培养他们良好的语言意识，使用文明礼貌语言的习惯，养成文明的素养。让儿童学会文明礼仪的语言交际能力，首先，就是让儿童学会态度和蔼、友好地同别人进行交流，不强词夺理，不恶语伤人；其次，要求说话态度诚恳谦逊，不盛气凌人；最后，要求言辞文雅，表达恰到好处，不说脏话、粗话。

三、行美：培养遵规、守纪的小学生

行为美可以分为崇高的行为美和平凡的行为美，崇高的行为美具有社会历史价值，对推动社会进步有重要意义。平凡的行为美是有利于社会进步的一般性行为，如拾金不昧、尊老爱幼、勤奋好学等。儿童美育中的行为美育要求做到以下几点：

（一）文明礼貌行为美

文明是进步、开化、发达的象征，与野蛮、愚昧、落后对应。纵观人类发展史，既是一部野蛮掠夺史，也是一部文明发展史，每一个时代都创造出了与该时代相适应的文明，这是历史发展的必然规律。这里要讲的行为文明包括：举止优雅，自觉遵守纪律与校规校纪，尊重他人的劳动成果，不伤害他人与公共利益，不粗鲁，不打人、骂人，不欺老凌幼等。我国虽然进入了社会主义社会，但还处

于社会主义初级阶段，人们在劳动、生活中难免会产生矛盾纠纷，这需要社会主义的文明规范来调节这些人民内部矛盾，这要求我们在处理人与人之间关系时要能讲礼貌，用文明、商议、沟通等方式去解决。如果在处理人际关系过程中不讲礼貌、蛮横、粗鲁，甚至恶语伤人，那就会使矛盾激化，给人带来不愉悦的体验。如在公共场合踩到他人的脚是常有的事，如果能主动说声"对不起"，就容易得到他人的谅解，就不会让他人产生不满情绪。

（二）讲究卫生行为美

讲究卫生关系到个体的生、老、病、死，还关系到一个社会的稳定和民族的繁衍。讲究卫生，创建整洁干净的学习、工作和生活环境有利于转变社会风气，也是社会主义精神文明建设中的重要组成部分。讲究卫生，包括讲究公共卫生、个人卫生和家庭卫生。其中讲究公共卫生包括灭蚊、灭蝇、灭鼠、灭臭虫，就是要"四灭"；讲究个人卫生就是要做到勤理发、勤洗澡、勤洗衣、勤剪指甲，也要做到不随地吐痰，不乱扔果皮纸屑，不乱倒污物等；讲究家庭卫生要做到勤扫除、勤晒被褥、勤开门窗等；讲究学习卫生要做到学习工具、学习用品保持干净整洁，摆放整齐，符合卫生要求。

（三）遵规守纪行为美

俗话说"没有规矩不成方圆"，人类社会与自然界都要遵守一定的秩序。大多数秩序虽不以有形的文本规定下来，但仍然对所有人具有一定的约束力。要自觉遵守校纪校规，做文明的学生，就要从小事做起，从身边事做起。如果一个人从小就没有养成良好的行为习惯，没有良好的法律纪律意识，随意做损坏公物、打人、骂人，甚至偷窃等坏事，不仅是给个人形象抹黑，而且会腐蚀自己的心灵，渐渐地，就会情不自禁地犯错误。遵守校规校纪也要养成良好的校园文明习惯，如关上自来水的龙头，拾起地上的垃圾，不小心撞到对方时说声对不起，见到老师问声好，等等。

四、思美：培养勤思、好问的小学生

小学儿童从以具体形象思维为主要形式向以抽象逻辑思维为主要形式过渡。

第一，小学低年级学生的思维仍然是以具体形象思维为主。他们理解的概念主要是具体形象的，难以区分概念的本质属性和非本质属性，到了中高年级才开始掌握一些抽象概念。第二，小学儿童的抽象逻辑思维发展不平衡。在小学阶段儿童的逻辑思维成分在不断增加，水平在不断提高，但在不同的学科、不同的教学内容、不同的教育个体中表现出不平衡性和个别差异性。第三，小学儿童的抽象逻辑思维从不自觉到自觉。小学低年级学生虽然有一些概念，但这些概念常常与一些具体形象相联系，并且不能自主地控制自己的思维过程。中高年级小学生，对自己的思维过程已经有一定的自我监控能力，思维的自觉性有了一定的发展。第四，小学儿童的辩证逻辑思维初步发展。小学生的抽象逻辑思维主要是经验逻辑思维，甚至属于初步逻辑思维的范畴。小学生天真无邪、初生牛犊不怕虎的个性表现出来就是不容易受到既有规则约束，不因循守旧，不安于现状，有创造潜力，思路广阔，不容易受到定式思维影响，容易发现新事物，提出新方案。

（一）给学生足够的独立思考的时间和空间

给学生讲解问题，并留出足够的时间和空间，让学生能够独立进行思考，独立地去寻找问题的答案。只有学生自己经历了独立的思考问题和解决问题的过程，才能对这个问题有更深的认识，激发思维的积极性，产生创造的火花，在此基础上才能谈创造。教师要注意把学生独立思考和思维学习"常规"训练结合起来，充分释放儿童创造的天性。

（二）鼓励学生提出问题，激发好奇心和求知欲

好奇心是推动学生主动学习、积极思考问题、努力获得知识、展开思维过程的内部动因，因此，教师不仅要给学生独立思考的时间和空间，也要善于给学生提供主动探索的问题情境，鼓励学生积极提出问题，让学生在问题情境中发现矛盾，主动探索，积极思考，找出解决问题的方案。教师要善于引导学生提问是这个过程的关键，只有善于发现问题，才能去思考问题、解决问题。小学生敢于并善于从学习中、生活中发现问题、提出问题，对世界充满了好奇与求知的欲望，这本是小学儿童的天性。

（三）营造民主、和谐、生动的优美课堂教学氛围

积极的情绪与良好的思维常常是相互关联的，积极的情绪让人思路开阔、思维敏捷，而消极的情绪则让人思路阻塞、操作缓慢、效率低下。根据小学生天真、烂漫、富于想象的心理特征，教师要善于营造民主、和谐、生动的课堂氛围，让学生在这样自由的氛围中积极地思考，大胆地假设，迸发出强大的求知欲。

五、创美：培养质疑、探究的小学生

审美能力的发展与创造力的发展是相互促进、相互依存、相互影响的。如果说德育侧重于伦理，智育侧重于智力，体育侧重于体力，那么侧重于情感的美育则为个体创造力的发展提供了自由而广阔的空间，对促进个体审美能力和创造力发展都具有不可替代的作用。

（一）小学生创造力的特点

小学儿童创造力具有简单性和普遍性。由于其认识、经验的限制，小学儿童的创造力是比较简单的、低级的。小学儿童一般只能进行简单的、直观的、形象的、缺乏严密性和逻辑性的创造，并且带有想象和夸张的成分。小学儿童创造力具有自发性和广泛性。小学儿童相对较为放松，没有大的心理与生理冲突，这为他们创造力的自由发展提供了条件。儿童不受日常经验、思维定式、熟悉事物的影响，遇到任何问题都愿意去尝试，其创造行为没有环境压力，更多的是受他们好奇心、内在求知欲的驱使，具有明显的自发性。儿童这种几乎不受约束的创造行为，在小学儿童的语言、游戏、手工等活动中都可以普遍地表现出来，具有广泛性。思维方式以具体形象思维为主。小学儿童的思维主要是依据具体事物及其形象来进行思考的，随着年龄的增长或随着知识、经验的增长，语言能力与审美能力的发展，儿童在认识和创造活动中具体形象的成分逐渐减少，而抽象概括思维的成分开始增加。

（二）培养质疑、探究的小学生

1. 利用童心促进儿童创造力的发展

儿童的童心是个体保留或恢复童年时期那种特有的具体感知的特性，这种特性是不加任何掩饰的、自由自在的、自然活泼的、无拘无束的，这为小学儿童的创造力的发展准备了良好的条件。童心让儿童天真无邪，有本能的爱心，有像花儿一样美好的心灵，这种心灵让儿童不会为物所累，可以无拘无束地表达自己的感受。他们的行为表现都是自然自发的、较少矫揉造作的，自然较少受到控制和约束，也较少受到阻碍和自我批判。马斯洛关于自我实现者童心的描述与幼儿无知的童心有所不同，但两者之间也有共同之处，这就是孩子般的童心。孩子童心般的感知是自由的，是非经验的，而且他们的行为是自发的，倾向于表现的，这种童心很多时候与创造性联系在一起。

2. 利用童年印象培养儿童的创造力

儿童的童年充满着惊讶和好奇，许多问题经过了他们的深刻思考，但可能并没有找到答案，且在内心留下了深刻印象。如果一个人能够保持童年时期那种天真烂漫、自由自在、无拘无束、自然活泼的天性，那么他的童年印象就会在他的脑海里时常涌起——童年时期的惊异支撑着他的创造行动，并为他的创造行为提供源源不断的力量源泉。

第四章　关于纯美教育的理论认识

第一节　纯美教育的有关理论

一、关于人的全面发展理论

（一）马克思关于人的全面发展理论的基本内涵

人的全面发展指的是人的劳动能力的全面发展，包括人的智力和体力的充分的、自由的发展。马克思主义关于人的全面发展理论是人类的最高理想，是人的发展的最高目标，可以将马克思主义关于人的全面发展理论概括为以下几个方面的内容。

1. 人的劳动的创造性发展

马克思对资本主义环境下人的发展状况进行深入分析后指出，不论是工人还是资本家，都有可能被畸形发展，因为生产过程已经把人当成商品，只有当人具有商品属性的规定时才成其为人，也就是成为商品。只要资本野蛮扩张，就会导致人与自身、个人与他人、个人与社会以及个人与自然等四重异化。但劳动又改变了人，正是人在劳动过程中影响改造了外部环境和客观世界，使自己有可能从原有的分工体系中解放出来，去发展自己的一些兴趣，获得更多的素养，形成了具有全面发展可能的特性，也就具有了人的特性。人发展的创造性必须建立在劳动实践的基础上，社会发展成果也是在劳动与人的循环相互影响过程中不断产生发展出来的。到了共产主义社会，劳动不再只是谋生的手段，而是作为体现个人价值的途径和手段，因此，人的全面发展始终伴随着劳动实践和劳动创造过程。也就是说随着劳动形式、范围、程度不断扩大，人的智力和体力将展现多样化的维度，人类社会发展也就向更高层次发展。

2. 人的能力的广泛性发展

马克思认为人的发展包括智力的发展和体力的发展，二者构成了人的能力的主体。随着生产力与生产关系的不断发展，劳动过程越来越趋向深入，促进了人的能力进一步的、全面的发展。这里所说的能力包括了智力、体力以及道德能力、逻辑思维能力，还包括生产劳动能力、生产技术能力、精神生产能力、社会交往能力、开拓创新能力、道德修养能力等。生产力与生产关系的不断发展极大地扩大了人能力发展的范围，使人的发展更充分，这为促进人的全面发展奠定了良好的基础。

3. 人的个性的独特性发展

人的个性是自我意识的外在体现，包含了人的品格、气质、爱好、情感等组成部分，人的个性的全面发展不是某个个体人格的全面发展，而是全体社会成员的普遍性发展，促进人的个性得到充分的、自由的发展是共产主义社会形态的重要特征。马克思指出，在资本主义社会及其以前的各个社会形态，实际上是不存在人的个性的全面发展的，甚至当时并不允许人的个性发展，因为资本的约束、劳动的分工从根本上说受到生产关系的制约。人的个性自由地充分发展具有独特性，是共产主义社会形态对人发展的基本要求，也是全面发展理论追求的高目标，到了那时，劳动不再成为负担，而是一种乐趣、一种自由自觉的活动，人摆脱了各种羁绊，从旧式分工中彻底解放出来，成为独立的人、自主的人、丰富的人，也就是成为个性自由而独特的人，那个时候人就可以充分发挥主观能动性，进行各种创造性劳动，实现对现实的超越。

4. 人的社会关系的丰富性发展

人作为社会的存在物必然具有社会性的一面，人的发展除了自然的发展也必然有社会的发展，而人的社会性发展体现在人的社会关系的发展，包括现实关系与观念关系，人本质上是一切社会关系的总和。人的发展既然是社会关系的发展，那么一个人的发展高度取决于与他人之间的普遍交往和全面关系，要把个人的发展放在与团体其他成员、社会其他成员的发展高度上去分析，因此人的社会关系发展绝对不是从单个个体的社会交往范围有多宽、交际能力有多强来界定的，而是放在社会整体上去考虑的。把个体放在与他人、与整个社会全面而丰富的关系中去考察，只有这样才能突破个人全面发展的局限性，促进个人发展的丰富性和广泛性，才能使人的视野开阔，能力提升，最终实现人的全面发展。

5. 人的社会需求的满足性发展

人的需求包括生物性需要和社会性需要，人在生物性需要得到充分满足后就会追求社会性需求，两者是相互依存、相互转化的关系，人的社会需求的结构反映着人类发展的普遍水平。每一个社会阶段都有不同的社会需求结构，只有到了共产主义社会，阶级制度和剥削制度被彻底消灭，生产力高度发达，社会产品极为丰富，人类的各种需求才会得到极大满足。当然，人的需求必然是丰富的和多样化的，包括物质需求、精神需求、自我价值的实现以及发展与超越的需求，后两者是人类精神层面的最高需求和奋斗的不懈动力，是人全面发展的重要标志。在教育中，就是把人发展的科学性全面深入地融入教育教学中，贯彻德、智、体、美、劳全面发展的社会主义教育方针。

（二）美育在人的全面发展中的重要作用

1. 培养高尚的道德情操和健全的人格

儿童美育不仅是培养孩子的审美欣赏力、审美表现力和审美创造力，也包括培养学生高尚的道德情操和健全的人格。由于儿童固有的率真、直观天性，儿童对外界事物的感受是自觉的、自发的，并在欣赏美的过程中自觉理解外界事物所蕴含的规律和特点，包括社会的规范和法则。美育能较好地激发儿童的情感，这种情感反映了一个人的内心精神世界和人格特征，因此，儿童对客观世界反映越全面、越深刻，表现出来的情感就越高级。如因听到肯定的评价而愉悦，因看到失去亲人而悲伤，这些是对客观事物一般性反应而表现出来的社会情感，而美育对社会现象反映得更深入，因而也更深刻和全面。美育可以通过美的对象给孩子表现丰富生动的具体感性内容，用真相、真情和真理来说服孩子，获得良好的教育效果。这些具体生动的感性特征、教师教育的真情实感容易唤起学生主体的认识，能有效培养学生的观察力、感悟力和想象力，并超越学生对物质欲望的追求，自然上升到更高的精神层面，实现完善人格教育的目标。人在美育过程中产生的愉快感、满意感等肯定性的情感体验反过来促进学生主体持续追求美的事物，激发他们进一步的求知欲望，推动个体情感体验不断向前发展。这种美的情感体验有时异常强烈和突出，以至让个体整个身心都受到了美感的浸润和充盈，感到精神爽朗、健步如飞、思维活跃、出口成章，顷刻间获得了精神上的极大满足。儿童美育必须有目的、有计划、有步骤地系统实施，充分考虑学生的年龄特点、经验范围和知识基础，并把美育融入德、智、体、美、劳全面发展的教育体系之中，使他们在教育的每一个环节都得到美育的陶冶，让他们逐渐形成认识美、欣赏美、表现美、追求美的自觉习惯，从而逐渐养成美的情操，形成健全人格。儿童美育就是要在建设中国特色社会主义的伟大事业中，按照社会主义时代新人的内涵和要求，培养学生认识美、欣赏美、表现美、创造美的能力，让他们学会辨别真、善、美与假丑恶，学习艺术形式和表现技巧，增进感受美、表现美的能力；教给学生正确的观念、良好的习惯、生活的热情、创造的乐趣，达到形象美、行为美、语言美、思维美和创造美，促进他们美育综合素质的全面发展。

2. 开发感性能力

儿童美育是使人全面发展的一种教育，以侧重于情感的形式陶冶情操、养成习惯、培养健全人格为特征。人既具有理性思维，也具有明显的感性方面的特征，如感觉、知觉、表象、直觉、情绪等。理性思维所具有的抽象特征可以让人掌握更多知识，但也容易导致实用主义、急功近利。而美育侧重于形象思维的特征通过促进人的感性能力弥补这方面的不足。左大脑更侧重于数字，右大脑更侧重于形象，美感从形象的直觉开始，美育内容和特征有助于开发左右大脑，促进人的感性能力。对艺术作品的欣赏一般是凭情感而不是凭理智，凭借直觉而不是做理性判断，并在美的欣赏过程中获得愉悦感受。人的审美过程不需要借助概念、判断和推理，不需要经过严密的逻辑思维过程，也不需要顽强的意志力，是它对事物的直接感知而产生的审美情感和美的享受。很多诗词歌赋如"蜡炬有心还惜别，替人垂泪到天明""羌笛何须怨杨柳，春风不度玉门关""春风得意马蹄疾，一日看尽长安花"等，或感时伤物，或熟视无睹，或无动于衷，都体现了人的某种感性能力与审美能力。人们在欣赏美的事物时是以情感体验为线索，融合了感知、形象、直觉等多种心理因素后得到的愉悦、愤怒、悲伤等情感体验，从而学会发现美、欣赏美，提高感性审美能力。

3. 激发生命活力

现代社会的规范、纪律，各种条条款款，可能会束缚人的个性，影响人的活力和生命力。每天在忙碌的生活里，似乎人活在世上的意义就是为了生存，一旦获得物质财富，情感就变得衰颓，人与人之间的隔阂会一天天地增加，升学、就业、提职、加薪、婚姻等本可以使人间充满温情，但市场经济使这些温暖的线索都充满了经济标准，使人际关系变得冷漠，现代社会充满竞争。现代社会的竞争加剧，再加上人口老龄化、环境污染、失业、疾病等困扰着人类，削弱了人的生命活力。美育能保持甚至激发人的生命活力，如果没有美育，无疑会影响人的一部分幸福感，削弱人的精神性格。人可以在遨游天下、遍览名山大川之间养成李白那种"天子呼来不上船，自称臣是酒中仙"的浪漫狂傲性格，使人坚毅、进取，激活人的生命活力。

4. 发展人的创造潜能

美育包括人物美、自然美、社会美、科学美、艺术美等丰富的教育内容，这些美的事物都是审美和再创造的结果。美育侧重于情感、形象、感性的特征，特别有助于丰富人的想象力和创造。很多取得重要成就的杰出人士都具有较高的艺术修养和较强的审美能力，如爱因斯坦认为想象力比知识更重要，因为知识是有限的，想象力是无限的；据说天文学家魏格纳突然想到非洲西部与美洲东海岸就如一张被撕成两半的纸张，据此提出了著名的"大陆漂移说"；地质学家李四光谱写了中国第一首小提琴曲；钱学森曾经也谈到了音乐给予他的帮助。如果没有一个充满诗意的、富有情感的想象，学生的智力发展就必然会受到局限，相反，在一个充满感情、富有情趣的环境中学习，人们将创造新形象、新事物的无限潜力。

二、关于美的本质的理论探讨

美的本质问题是一个古老的哲学问题，古希腊哲学家柏拉图在《大希庇阿斯篇》中对美下了多种定义，从"美就是一位漂亮小姐"到"美是恰当""美是有用""美是帮助""美是快感"等，但没有找到一个满意的答案，最后得出结论"美是难的"。历代美学家们提出了许多关于美的概念，进行了各种争论，这些争论主要可以概括为以下几种观点。

（一）美是审美者对客观事物的主观评价

美是审美者对客观事物的一种主观评价，这种评价没有一个固定的、通用的标准，不同的个体、不同的时间评价标准会不一样，与主体当时的心理状态紧密相关。持主观论的美学研究者人数众多，影响深远，如休谟认为美存在于人的心灵，康德认为美是不依赖于客观存在的主观判断，叔本华认为美是对客观事物的主观意志表现，克罗齐认为美是一种直觉。在主观论这个群体中，英国哲学代表人物休谟的观点最为典型，他认为美并不是客观事物本身的一种属性，每个人都可以看到事物的美，这个人觉得美，另一个人可能觉得不美。美实际上是人的心灵之物，是个人对外界事物的主观评价。美是主观评价论的明显缺陷，混淆了美和美感的关系，错误地认为美就是美感，美就是审美评价，美就是审美经验。任何主观心理现象都不能脱离客观存在，任何事物美的属性都与事物本身紧密相关。个体看到事物的美，这确实是一种感受，但这种感受也少不了客观事物作用于主体感官之后产生的结果，这种美的反应不可能与客观事物毫无关系。美与心理现象密不可分，但美不是心灵的产物，美不能脱离客观事物，不能否定客观存在，否则就会犯唯心主义的错误。

（二）美是客观事物自身的属性

这种观点认为美是客观事物自身的属性，是不以人的意志为转移的客观存在，不管人们怎么理解它、怎样评价它，它都是客观存在的，始终不会消失，其属性也不会发生任何改变，与人本身没有直接关系。还有的美学家把美的本质归结为精神实体，是客观精神的展现，以柏拉图为典型代表。他认为美是理念，不代表任何具体的事物，不代表一双手，或身体的某部分，或某一篇文章、某一个别的物体。奥古斯丁和托马斯认为美实际上是上帝赐予的，人之所以认为事物有美的一面，都与上帝密切相关。

英国美学家乔德认为一个事物美与不美是客观存在的，不管你是否欣赏到它，不管你认为它美与不美都丝毫不影响它的美。如不管你承认不承认拉斐尔的名画《西斯廷圣母》，它都是美的。美是客观事物自身的属性论的中国代表人物是中国当代美学家蔡仪，他认为客观事物美不美，完全在于事物自身，跟我们的意识没有直接关系。自然界中某个事物美不美完全决定于自然物本身具有美的属性。蔡仪的美学观以客观存在为基础，但忽视了人的审美实践，忽视了美是人审美实践中主观体验的反应这一点，这又使其美学体系陷入了机械唯物论和绝对主义的不足之中。这对文学艺术作品进行美学评价还是比较适用的，其美与不美与其本身的艺术水平紧密相关，但英雄人物、违法犯罪者等社会典型美与不美就可能无法用客观存在去进行界定了。

（三）美是人与客观世界的一种关系

这种观点认为，美不是客观事物的自然属性，不是客观存在的，也不是与客体无关的主观意识，而是人与客观事物的一种关系。法国启蒙思想家狄德罗较早地从关系论的角度去探讨美的本质，并正式提出"美是关系"这个命题。他认为美在自然界、社会、艺术领域都是客观存在的，但美不是凝固不变的，而是随着不同的要素、条件和关系的变化而变化的。同样一句话在一个情景里是美的象征，可在另一个情景里就变成了可笑的打诨。国内著名美学家朱光潜先生也坚持"美是关系"这一论断，认为美不仅限于人的主观世界，也更接近于实践中的人，人的实践是主观和客观的统一。美是一种关系的论断强调了美的客观性。美是一种实在的关系，是偏重于客观事物的那种存在关系，只是借助于人的感官被人注意到的那种存在关系。同时，这种论断也强调了人的主观能动性。任何美都不能脱离作为主体的审美者，要看到人的主观能动性与美的相关性。这种美的本质论断突出的弱点之一是，常常把美感和美混淆，从而在唯物主义与唯心主义之间摇摆。

（四）美是一种社会关系

这种论断认为美一方面是客观存在的，另一方面又离不开人类社会，具有社会实用性，是客观性和社会性的统一。这种论断的代表人物是普列汉诺夫和李泽厚。普列汉诺夫的基本观点是：美是客观的，但与自然界的自然属性不一样，美还必须反映任何存在物的社会实用性，美的属性必然随着人类社会的发展变化而发展变化，不同的社会产生不同的美。如在原始社会，人们用来装饰的不是花草，而是皮革和牙齿；到了奴隶社会和封建社会，人们的装饰品变成了植物，所以人类应当从社会学方面去寻找美和美感。爱美之心人皆有之，爱美是人的天性，但什么是美却不决定于人的主观性，而决定于人的社会性、民族性、阶级性。李泽厚认为任何自然物本身无所谓美与不美，当自然物和人类社会发生关系，与人的主观心理状态发生关系的时候，就产生了美的意义。

三、美是人的本质力量对象化

尽管人们对美的本质问题的回答各有不同，但这些论断却为我们探讨美的本质提供了经验、教训和借鉴。

（一）美是人的本质力量对象化

"美是人的本质力量对象化。"出自马克思《1844 年经济学哲学手稿》，这一论断是对美的本质的科学概括，强调了美是人类审美实践、社会实践的产物。探求美的本质，既不能从自然物的物质属性去探讨，也不能从主观意识去寻找，而应该从主体与客体、人与自然的统一中去寻找，也就是说只能从人类的社会实践活动中寻找，才能找到美的本质。人的本质力量是什么？通俗地讲，就是人的有目的、有计划、有意识的生命活动。人与动物有根本的不同，就是人能够通过自己的实践活动适应自然、改造自然。人不仅能改造自然，也能够改造动物和自身。人在适应和改造自然的过程中，始终是积极的、主动的，而动物的活动始终是消极的、被动的，动物只能顺从自然，不可能去改造自然。人就是在适应自然和改造自然的活动中，将自己的能力、智慧展现在现实世界中，让现实世界成为他展现自身本质力量的具体成果和实施对象，即实现人的本质力量的对象化。现实世界包括人所实践的对象、所创造的成果，这些对象可能是物质的，也可能是精神的，都是人的本质力量通过对象化的方式展现的结果。反之，人是能够从中发展自身，发现自己的本质力量的。任何现实世界的物质或自然物，能否成为美的对象，并不决定于事物自身所具有的属性，也不决定于人的主观看法，而决定于它在实践中如何去体现人的本质力量。

（二）美是人的本质力量对象化与自然美

马克思主义关于美是人的本质力量对象化的理论，从本质上揭示了自然美的根本内涵，自然美是人类社会实践活动的结果，因为只有体现了人的本质力量的对象化，或者说那些成为适应人类、改造成果的自然物才能算是美的。在马克思主义理论看来，自然与自然美不是一回事，而是两个不同的概念。自然是一种不以人的意志为转移的客观存在，在人类还没有对自然进行改造之前，自然就已经存在了，但那只是作为客观物质而存在，并不就是自然美本身。在人类社会产生以后，人类开始有了大量的社会实践活动，开始适应自然和改造自然，才与自然之间发生了审美关系，自然才成为人的审美对象。这种审美对象是人适应自然、改造自然的力量开始发生作用时才有的，人们才发现了自然是美的。自然界无所谓美与不美，甚至在人类社会开始前的那些时间，原始人也没有发现自然是美的。当人类的生产力逐步提高，人在实践中逐步提高了自己适应自然的能力，于是根据认识和总结的自然发展的客观规律，开始适应自然、征服自然和改造自然时，人开始展现人作为人的本质力量，人也从远古的原始人变成了现代人。自然不会自动成为美的对象，只有人在适应和创造出与人的自然本质和社会本质相适应的社会经验时，自然才成为人们的审美对象，自然才开始具有美的属性，也就是说美是离不开人的，离不开人的社会实践。自然事物的美，有它本身的自然属性，但这决定不了自然美，而是在和人类实践活动发生关系后，凭借人的感受和体验才焕发出它的美来。

人的本质力量的对象化在自然美中一般可呈现为物质化、认识化和艺术化三种形态。其中，物质化是人在社会实践活动中，或是在适应自然、改造自然的过程中，让自然界发生某种变化，这种变化体现了人的目的、计划与要求，以及体现了人的力量，自然变成了美的对象，如环境美、宝石美、园林美等，都是人类改造自然的结果。认识化是指有的自然物质虽然没有发生任何改变，还是保留了它的原有形态，但由于人类认识了物质的发展变化规律，通过认识规律逐渐对自然物质产生了喜爱或某种审美关系，这种自然物质也可以成为人们的审美对象。如太阳、松树等自然物质，人类并没改变其原有形态，甚至人们没有与它们建立某种物化关系，但它们对人类来说仍然是美的，成了人们的审美对象。艺术化是指人们采用艺术化手法，对某些自然物质加以改造，融入人的思想感情，使自然界充满了人的本质力量，这些自然物也会成为人们的审美对象，如棕树、松竹等自然物质，非常普通，但一旦成为艺术作品，就显得优美异常。

（三）美是人的本质力量对象化与社会美

美是人的本质力量对象化的理论揭示了社会美的本质，社会美是人类社会实践的结果。人类的社会实践活动，不仅局限于适应自然和改造自然，也会用于处理人与人之间的社会关系。马克思主义认为，人不仅要进行物质生产，满足人类物质需要，人还要追求理想、自由、民主、友谊、公平等社会理想，以调解人与人之间的社会关系，如三峡水电工程、贵州天眼，作为人造物质当然会美；同时，大到愚公移山、治病救人的精神，全心全意为人民服务的精神，小到公交车上让座，为街边乞讨者捐助等行为，常常能振奋精神，同样成为人们的审美对象，体现人的本质力量。

（四）美是人的本质力量对象化与艺术美

美是人的本质力量对象化的理论也揭示了艺术美的本质，艺术美是人类审美创造的结果，也代表了人类适应自然和改造自然的本质力量。马克思主义认为，人类不仅可以改造自然，让自然成为满足人类各种需要的美的对象，也可以成为科学的对象和艺术的对象。人在艺术活动中，会用各种艺术手法，包括将自然人化、客观事物心灵化，当然这一系列过程贯穿了人的本质力量，将主观感情客观化，让世界充满美的色彩，将世界变成一个艺术世界。艺术是个体主观能动性的结果，充满人类想象力、个性化、情绪和情感，所以艺术美也能较为集中地体现人的本质力量对象化。

（五）美是人的本质力量对象化与科技美

美是人的本质力量对象化的理论也揭示了科技美的本质，认为科技美是人的本质力量对象化了的书本。如科学中的公式、定理和理论等，都体现了那种特定的美感，体现了科学工作者的主观愿望与美好追求，凝聚了科学技术工作者适应世界和改造世界的心血，体现了科学技术工作者的本质力量。

第二节　纯美教育的几个主要理念

一、以生为本、以学定教、学习体验、素养领衔的教育观

（一）以生为本的教育理念

以生为本就是在开展教育教学活动中以有利于学生成长、成才为主要目标，

坚持一切从学生的发展实际为出发点，遵循学生身心发展规律和教育规律，从事的各种教育教学活动。具体来说就是，要以学生的个性发展为圆点，重视共性标准；要以提升学生的幸福感为圆点，将感性教育与理性教育相结合。但学校在贯彻以生为本的教育理念时也出现了一些问题，比如学校行政化管理特征和学校管理人员官本位思想的影响，导致学校管理者常常从自身角度去想问题，忽视甚至侵犯了学生的权利；虽然教育领域出现了"素质教育""个性教育""创新教育"等理念，但在教育教学实践过程中遇到了传统习惯、陈旧理论的阻碍，实际很难执行到位。坚持以生为本的教育理念，首先要建立起将学生从教育客体转变为学习主体的教育理念。传统观念认为学生是教育教学的对象，是容器，是产品，强调的是标准和顺从，完全忽视了学生的主体地位。以生为本的教育理念就是要强调学生发展、学生学习、学生个性，使学生成为教育的出发点和落脚点。其次，坚持以生为本的教育理念就是要坚持全体培养、多样化和个性化人才培养理念。教育要回归关注每个学生学习权利的原点上来，要回到尊重学生间的差异和个性的原点上来，培养出丰富多彩、富于个性、适应多样化要求的人才。最后，坚持以生为本教育理念就是要坚持全员、全面、全程发展的教育观念，就是要关注所有学生的全面发展，实现每个学生知识、能力、人格的全面发展和提升。

（二）以学定教的教育观念

传统的教学过于强调知识传授或过于强调接受学习，忽视了课程实施过程的变革需求，以学定教的教育理念通过对教与学关系的重构改变传统的"教师教，学生学"的灌输式教学模式，从以学习为中心的教学角度重视学生的有效学习活动，把"学生学，教师教"的传统教学模式转变为"学生学，教师导"的引导式教学模式，变成学生的一种自觉、自主的行动。以学定教不仅重构了教师的教，也重构了学生的学，把学生学习活动的引起、展开、发展、评价的过程变得更加突出，教学过程不是教师预设的而是教师与学生共同活动的生成性教学。

1. 教学目标要体现以生为本

教师一般会从教的角度对自己的教学目标进行预设，有的甚至以方便教作为教学预设的基本原则，把能教并方便实现的内容纳入教学目标，不方便教的内容则不予考虑。教师在设计教学目标时只做教情分析不做学情分析，这往往会导致教学目标和学生实际情况的脱节。与教学实践的严重脱节，导致的结果是学生一无所获，教学过程的揠苗助长。教师必须根据学生的知识水平、学习特点和发展需求，对学生进行学情分析，从学生已有的发展实际去设置可能实现的学生发展目标，突出教学目标对学生现有特点和发展行为的科学估计。

2. 教学过程实现动态生成

教学活动包括了教师教的活动、学生学的活动及两种活动的互动机制。教的活动一般由教师做教学准备，学的活动没有准备而是通过教学过程生成。教和学的互动机制可反映出教学的不同作用，教是促进学生有效地学的条件，学生有效地学才是教师教的目的，以生为本强调学生学习活动才是教学过程的核心。学生学的活动与学生的个体差异、身心状态、互动形式、人际氛围等因素有关，是一种学习过程性活动，学生的学习活动具有很强的随机性，教师很难根据学生学的特点来确定教学目的、方式。但这种随机性的学习活动往往是良好的教育契机，反映了学生思维的创新性特点，具有超出教师准备的生成价值。所以，教师要鼓励和支持学生偶然产生的思想和行为，并用创设的教的活动去满足学生学习活动的需求，根据学生的学习行为不断调整自己的教学行为和教学方式，从而使教学过程成为动态的、生动的过程。

3. 教学主体进行交往互动

"教师教，学生学"的传统教学模式是单向性教学交往模式，教师是教的主体，学生只能算是教的客体。"以学定教"需要对教与学的关系进行重构，教师的教与学生的学要建立在人格平等、角色平等的基础上，在这种交往活动中，学生的学习主体地位得到了充分肯定。教师本身在教学活动中可将教学视为交往活动，交往有交往的基本原则，通过教学中的理解和沟通，为学生的有效学习提供良好的交往氛围与支持条件，再通过教导激发，引导学生自主、能动地学习，使教师和学生之间的交往关系充满温馨、引导、互动的浓厚氛围。通过这种交往关系的变通设计，可以创编多种学习形式，包括小组合作学习、同伴互助学习、集体学习等交往活动形式，为学生提供充分发展的空间。

4. 教学评价体现发展追求

以学定教的教育理念也包含了教学评价，只是这种评价是根据学生学的效果评价教师教的效果，而不是教师去评价学生学的效果。传统的评价方式仅仅是为了获取某种结果，而且这种结果只反映教师预设的结果，常常是一次性操作评价完成的，显然一次性操作评价无法真实、全面地反映学生的学习效果，当然也无法反映教师教的情况，因此，教学评价应将教学过程和学习过程结合起来，用多次评价来反映教学效果。多次评价就是需要教师将教学评价贯穿教学的全过程，持续并且重点关注学生的学习过程，不断收集学生学习过程中的信息作为评价线索，不断地对学生的学习表现进行即时评价。这个评价不是任课教师一个主体，应该有多元主体参与，当然也包括学生的自我主体的评价参与，学生自我评价能提高学生对学习的自我意识和参与的主动性。

（三）学习体验的教育观念

学习体验既是一种知识体验、情感体验和生命体验，也是促进知识传承、构建生命意义、提升生命价值的手段和途径。要探讨学习体验的内容结构、功能及其相互作用，就必须要探讨学习体验的发展过程。学习体验的发展过程包括三个组成部分，分别是历次经验与生命感受的集聚、对学习活动的未来期望以及自我与环境双向互动。其中，历次经验与生命感受的集聚包括历次学习实践活动，在这些实践活动过程中，自我不断积累知识经验，领悟生命情感，体验并认可生命意义，最后挖掘与提升生命价值。历次经验与生命感受的集聚过程既包括了理性，也包括了大量的激情，是认知与情感的结合体。个体只有积累了丰富的知识经验，产生独特的生命感受，才能发现知识与自身的重要意义，并对知识、技能产生真切的感受与深刻的情感体验。在实际教学过程中，因为学习与自我关联意义的缺失导致了学生无法领悟知识技能的真正内涵，更无法感受学习的乐趣和价值。学生对学习活动的了解就是学习任务是艰难的，要让学生对完成学习活动充满信心，就需要解决学习动力问题。这种学习动力不是来源于外部环境的压力，也不完全受内心个性心理倾向的控制，而是一种责任和义务。如在学习活动时，总是感到自己的理想与现状之间存在某种差距，内心产生某种不平衡，并表现为兴趣、需要、好奇心、求知欲等学习内部驱动力。学习体验的发生过程是学习个体即时的表现，个体可以唤醒内隐的生命活力与激情，这就需要教师在教学过程中充分尊重学生的主动性与能动性。

1. 教学目标向学习期望转化

教师的教学目标可以通过学生主体内心的不平衡来激发学生的学习兴趣、求知欲、好奇心，推动学生产生强大的内部动力。只有对教学内容产生好奇，拥有学习欲望，才有可能使学生领悟与体验教学活动和教学内容，知识技能才能真正进入学生主体内心认知结构并融入其生命世界的一部分。传统的教学活动只是传达知识点，熟练背记教材内容，这种做法泯灭了学生学习的生机与活力，抹杀了学生的好奇心和求知欲，甚至可能成为扼杀学生强大生命活力与生命意义的凶手。只有将外在的教学目标和教师目标转化为学生内在期望，使其成为学生内在的主体追求，才能促使学生产生学习的强大内在动力，进而使学习活动成为感受、领悟、体验的享受活动。这种活动是充满生命意蕴的，是尊重生命体验的，是能够焕发生命活力的。

2. 教学内容向学习内容内化

在学习体验的教育观念里，教学目标成为学生自主的内在期望，教学内容进入学生的内心认知结构，产生丰富的领悟、生命生存意义，丰富内心认知结构，个体心灵获得升华，生命意义不断得到彰显，个体具有了独特性的知识意义与生命意义。从学生已有的认知结构去同化或顺应新知识，领悟新知识的内在意蕴，体验知识的生命意义，从而使新知识在学生已有认知结构中找到自己的位置，成为个体认知结构或生命意义的有机组成部分，实现知识意义的生成、生命价值的提升。传统的教学活动往往忽视学生个体独特的生活经验，更加忽视个体差异，完全用统一的标准去衡量人，个体掌握大量僵化的知识，虽然个体获得了大量的知识，但却仍然不具备分析问题和解决问题的能力，没有实现整体精神与生命的成长。教学内容向学生学习内容转化这一过程首先需要激活个体已有生活经验与生命感受，使其成为接纳新知识的活跃成分，并能对新知识、新信息进行过滤、筛选且能与新知识、新信息相互作用，成为接纳新信息并获取生命意义的有效依托。其中的关键是教师要善于将教学内容与学生的已有知识经验结合起来，将实际生活情境与社会情境结合起来，找到熟悉情境中的参照物，为学习新知识打下良好的基础。学生在学习活动中要能够将这些内化的知识经验有效运用于生活实践，这是巩固不断更新的认知心理结构，展现和提升生命意义与价值的重要途径。

3. 教学授受向教学对话转变

教学过程实际上是教与学的对话过程，这种对话过程包括了教师与学生之间的互动，也包括了学生主体与环境之间的互动。正是在这种教学对话与互动中，教学内容才会内化为具有独特性的、能服务于个体生命价值的个体知识，并不断滋养个体的生命意义，个体也不断产生深刻的情绪体验和生命感受，使生命价值得到提升，也重新焕发生命活力。这种对话不仅是一种交际手段，更重要的是一种信息交换、价值交换、感觉交换，这种对话必然带有人与人之间的相互比较与竞争，也会促进个体活力。教学对话过程必须使学生独特的生命体验、个性特征差异得到尊重，生命意义得到展现与提升，学生自由的心灵、丰富的个性才能得以舒展、成长与发展。

（四）素养领衔的教育观念

小学生核心素养包括心理建构与应用、思维发展与提升、审美鉴赏与创造、文化传承与理解等几个组成部分。审美鉴赏和创造能力与学生的兴趣紧密相关，学生通过审美欣赏产生审美体验，增强对作品美的感知力和理解力。在传统小学课堂教学中，不少教师带有明显的功利性教学目的，可以看到部分美的特征，却不会品味和欣赏，也没有产生对作品欣赏学习的浓厚兴趣。

1. 还原情境，增强演绎想象美的能力

培养学生审美能力离不开社会实践，离不开实际生活情境，教师应该让学生置身于艺术作品所表达的情境中，通过观察、想象和思考，从中尽情领略美的愉悦的精神体验。教师在教学中可以使用多种教学手段和技术，包括多媒体教学设备和手段，展现作品生活情境，渲染情境审美氛围，切实获得审美体验。通过引入实际情境的教学，积极培养学生丰富的想象力和创造力，利用各种方式和手段，让学生充分感受情境，增强学生对景物美的理解，提升学生的审美感知能力。

2. 细节分析，提升情感美的感知能力

艺术作品对细节的刻画十分精细，审美能为读者带来丰富的情感美的资源，有利于培养学生审美感知力。教师在教学中可以有意识地引导学生观察、想象、分析艺术作品中的细节，在提升学生细节观察和分析能力的基础上增强学生对艺术作品细节美和整体美的感受能力、欣赏能力。随着教学中对艺术作品细节的观察分析与想象，学生对艺术作品的情感体验会更加细腻深刻，对艺术作品美的体验也越来越深入。

3. 意识引领，练就学生发现美的眼睛

学生审美创造能力还需要通过学生自己的作品去展现。在学生创作作品的过程中，教师要善于引导学生在生活实践中去创造，在社会实践中去发现美，并用艺术的方式去记录美。在实际创造过程中，教师可以引导学生观察事物的美，分析事物的美，表达事物的美，可以用文字形式、绘画作品形式、雕塑形式、书法作品形式来记录和表达，学生可以充分感受美，表达情感并在激情中完成创作。通过这种方式完成的创作不仅能描述现实世界的美感，也是一个倾诉和表达的重要途径，因而创作活动不会被学生看作是一项负担，而是一种精神享受。

二、好奇、好问、好玩的儿童特质观

（一）儿童是好奇的

好奇心是个体对新鲜事物进行探究的一种个性心理倾向，推动着人们主动积极地观察世界，改造客观世界。由于小学生天生的"好奇"心理，他们常常会提出一些看似奇怪的问题，尽管这些问题显得天真幼稚，但这些都是好奇心的表现，其实是创新的萌芽。好奇总是与求知欲、质疑、探究、发现等环节紧密联系在一起的，因此，教学中要善于激发学生的好奇心，鼓励学生在好奇中主动探究并获取知识。学生的好奇心理常常能够激发学生积极主动地学习教学内容，激发学生积极探究、努力学习科学知识的热情。好奇会产生质疑，质疑可以打开创造之门的钥匙。在教学过程中，教师应充分满足小学生的好奇、质疑、求知欲旺盛的特点，不要去追求传统的套路，鼓励学生提出不同的想法和解决问题的方案。

（二）儿童是好问的

小学生好奇促进质疑，求知欲强烈往往都比较好问。对一门新学科、一种新现象、一个感兴趣的问题，都想弄清楚并明白，于是会积极主动求教，在学校问老师，在家庭问父母，在其他环境里也会积极问长辈。小学生喜欢在课堂上发问，只要给学生提问的时间和机会，他们往往会积极发问。很多老师对小学生这种好问的天性不太容易理解，表现得不耐烦，觉得这些好问的学生麻烦、调皮、天真，是在给老师出难题，把学生的求知热情用一盆冷水迅速浇灭。教师在教学中要积极支持、爱护好问的学生。他们可能天真幼稚，老师也可能被学生问倒，但也不要见怪不怪，觉得自己有多难堪，正所谓"闻道有先后，术业有专攻"，回答不上来也不是什么丢人的事情。如果用冷水浇灭学生求知的热情，影响的可

能不是自己的面子，而是学生的发展和未来。学生不断质疑、提问，这也是学生知识积累的过程，是学生思维不断激发和发展的过程。凡事好问，这是学生知识能力不断增长的秘诀。

（三）儿童是好玩的

很多老师都会有这样的体会，学生厌学倾向比较严重，不太愿意读书，还说读书没有放牛好玩。孩子的语言天真无邪，在孩子的感受里学校可能真的没有放牛好玩。我们可以想象一下乡村牧童的生活：太阳高悬于头上，小鸟在林子里唱歌，几个孩子骑在牛背上，一边吃东西，一边嬉笑，大家一起向熟悉的地方走去，可以看到松软的草地、卵石密布的河滩、水平如镜的池塘与亭亭的荷花，等等，那是怎样的童趣！一种活泼有趣、无忧无虑的生活，美得多么令人神往，令人流连忘返！教师的课堂教学要传授学生书本知识，但也要注重学生的情感体验，这就要求课堂不能脱离原点、脱离本真，把课堂放在真实的环境里，追求真实的课堂、真切的实践、真心的付出，让学生在玩中学，充分发挥学生玩的天性。

三、悦耳悦目、悦心悦意、悦神悦志的三悦美育教学观

一般对美感状态进行分类，可分为优美、壮美、崇高、滑稽等，这种分类方法是一种横向的分类。如果从审美经验的高低层次来进行分类，一般会根据著名美学家李泽厚对美感的分类法，从主体在审美过程中的审美能力（审美趣味、观念、理想等）的拥有与实现来划分，把美感状态分为悦耳悦目、悦心悦意、悦神悦志三个不同的层次。这种分类法可以揭示审美境界的高低层次，层次越高，人的自由度也就越高。

（一）悦耳悦目的审美层次

这是一种感性层次的审美境界，包含了感觉、知觉、激情、想象、直觉等元素，侧重于从感性能力角度对审美对象的个别属性（包括形式、外表、元素、节奏、韵律等）的直接反应，或是个体的某种直观感受，感知因素在其中占有非常重要的地位，个体往往通过对客观事物个别属性的感知、领会进入到愉快的审美

体验状态。如"一见钟情"就属于这种情况，通过眼睛看到形状美，通过耳朵听到声音美等，都是感性经验后产生愉快的审美经验状态，都是客观事物直接作用于感觉器官后因直觉而生的愉快审美体验。这种审美体验虽然有较强的生理体验因素，却不能说是因为单纯的感官生理因素而产生的愉快体验，没有理性因素的深度介入，不会产生主体的审美感受。在人产生审美感受后已经渗透了思维和想象，集聚了过去经验中的理性，所以由此产生的审美愉悦情绪体验绝对不是不假思索的愉悦体验，是经过加工的愉悦情绪体验。悦耳悦目的审美层次，虽然是感性愉快的审美境界，却仍是多种心理功能的共同参与、共同作用的结果。悦耳悦目的审美层次，既然感性突出，就多与生理欲念、意向等初级的需要相联系，这种审美体验往往难以持续，富有变化。这种愉悦情绪体验常常表现为易疲劳、厌倦，因为事物不可能永远发展变化丰富多样，因此，这种审美愉悦情绪体验是脆弱的、容易变化的。

（二）悦心悦意的审美层次

这是一种较好地领悟愉快的审美境界，偏重于对审美对象内容、细节的领悟和品味，进而产生较为持久的精神愉快。如对艺术作品的欣赏，往往要经过主体对细节、内容的反复玩味、品尝、细嚼慢咽，充分领悟其深度内涵以后，才能获得审美享受。领悟越久，品味越深，这种精神愉悦的感受就越强烈。对音乐的欣赏不是指欣赏单纯的音乐，而是带着某种情感意味去品味音乐中的内涵，如贝多芬的《第五交响曲》，包含了向命运抗争的意味，只有品读到这种意味，才可能产生深度美感。我们欣赏一幅绘画作品时，也绝对不是看单纯的线条、色彩，而是对人物、场景及其隐含的意味进行深入品味，发现了其深度意义，才能产生深度的美感。郑板桥的竹画显得高风亮节，包含了作者长期的审美修养，如果对作者的深厚修养没有深度的思考领悟，是很难产生深度感受的，就是因为对作者丰富生活意义领悟到无限的必然的本质内容，才引起深刻而丰富的精神享受。悦心悦意的审美层次包含的理解和想象因素相对突出，包含了极少的感觉意义，不会因事物的发展变化不断变化，产生的情感愉快相对稳定、持久、深刻。悦心悦意的审美层次包含了各种心理因素，这些心理因素包括想象、思维、理解、感知等，其中想象是活跃的，思维的范围限制了其深度和范围，当然任何环节都包含了感知，因此较之上一层次，悦心悦意的审美层次是感性与理性的相互渗透，是和谐的、自由的审美活动，所产生的愉快相对持久、相对自由。由于想象受到理解的限制，理解的范围因人而异，审美领悟程度也因人而异，不同的人产生不同的领悟，不同的领悟都具有朦胧的特点，常会令人反复玩味、兴奋、愉快。

（三）悦神悦志的审美境界

这是一种精神愉悦的审美层次和境界，包含伦理情感与哲理思索而产生的高扬、奋进，还有超道德精神的本体和自然的交融。伦理情感与哲理思索被称为"悦志"，超道德精神的本体和自然的交融被称为"悦神"。到达悦志的审美层次，人的审美愉悦表现为伦理精神高扬而激起的奋发进取之情。如当你面对浩瀚大海、巍巍群山的时候，当你感受电闪雷鸣、暴风骤雨的时候，当你遥望莽莽草原、无际沙漠的时候，你会感到自我是多么渺小，你就有一种从自我的束缚中挣脱出来而起奋发搏起之情。当你面对革命战争年代那波澜壮阔的英雄伟业的时候，当你从平凡事迹和平凡人物表现中看到那无限伟大的时候，你会自然产生敬畏、仰慕和奋发向上之情。悦志的审美层次表现出来的状态就是激情的、振奋的、自豪的，既包含了极为复杂矛盾的心理因素，也包含了多种情感混合而成的情感网络，这些情感因素有畏惧与无畏、惊叹与奋起、自卑与自尊、渺小与伟大、脆弱与坚强，让人无限遐想。其中虽有矛盾混乱的一面，但总的倾向是激荡的，并在激情中摆脱、克服、净化那些渺小、卑琐、平庸的消极心理，产生极大满足感和愉悦感，精神不自觉地得到升华，达到精神力量的高扬。这个时候的审美愉悦情感体验已经超越了普通的道德精神力量，走向与自然、与社会的有机交融，因而引起了从容而持久的愉悦，并达到了伦理精神的超越与不朽，但这绝对不是走向虚无缥缈的事物，而是走向大自然，走向社会实践，与大自然、社会实践紧密结合在一起，也就是走向了道德精神的超越，最后激发出来的是从容的愉快，与天地同乐。

四、纯美绽放的儿童成长观

陈鹤琴认为儿童的好奇、模仿等天性是自然表现在儿童身上的一种典型的身心特征，这是每一个儿童身上都蕴藏着的巨大发展潜能，是儿童发展与成长的基础。教师应该充分利用儿童的这些天赋，发扬儿童天性，实施让儿童内心体验感到愉悦的愉快教育，促进儿童自身多元发展。长期以来，教师和家长都忽视了儿童的天性，如儿童小小年纪学会看大人的眼色行事就是听话乖巧等，用成人的规则去束缚幼小的孩童。就其天性而言，儿童是当哭则哭、当笑则笑的，对客观世界总是从感性出发的直接反应，从来不进行修饰也不懂伪装。儿童如果不是因为内心欢乐而欢笑，心里明明愤怒却曲意奉承，从小就能根据别人的表情而做出对外界的不同反应，那绝不是好事。如果一个人从孩提时代就掩藏、抑制自己的好奇、质疑、模仿、学习、创造等天性，那么这个人离封闭越来越近，离创新精神只会越来越远。

顾明远先生认为"愉快教育"是让儿童生动活泼主动地得到发展的必要条件。愉快教育的精神实质是要让儿童产生对学习的浓厚兴趣，改变"要我学"的先创成为"我要学""我会学"。愉快教育的出发点是培养社会主义建设者和接班人，社会主义建设者和接班人是需要具有活力、创造力，敢于开拓创新的现代人才。开展"愉快教育"，首先要克服"学而优则仕"等旧思想。读书是为了做官，做到高官厚禄的人才是人才，只有成了专家、学者、科学家、政治家才是人才，这些思想不利于人的发展。社会主义建设者和接班人应该是具有高度社会责任感、勤奋踏实、勇于创新的劳动者。教师在教育过程中要把学生看作教育主体、学习主体，有意识地激发他们的学习兴趣和学习积极性、主动性，充分信任学生、热爱学生、尊重学生，让学生在轻松愉快的氛围中接受教育。

为使儿童的天性得到自由自在的发展，即为了让儿童的天性纯美绽放，需要做好以下几方面工作：

（一）充分发扬教学过程中学生的主体地位

任何教学活动都离不开教师教学主体的指导，学生的学习活动及其发展是在教师指导和帮助下进行的，因而，要尊重学生发展、学生学习和学生个性。教师在教学过程中的指导地位必不可少，但教师在教学过程对学生主体地位尊重的意识也必不可少，并且教师能有意识地培养学生的主体性，注重学生学习的个性化，才能培养出丰富多彩、富于个性、适应多样化要求的人才。

（二）在教学过程中大胆赋予学生主动学习权利

学生主动学习权利代表学生的强烈求知欲、个性化需求等要素。但有的教师不敢也不放心让学生自己去学习，害怕学生自作主张、自主学习，因为一部分教师认为那是不听话、不按自己的要求去学习的，他们总是按照自己的认知去教学生，去给学生布置学习任务，结果自然是老师教得很累，学生学得也很累，学生不仅失去了自己支配学习的可能和自主学习的机会，也失去主动发展自己个性的机会。学生被动学习现象大量存在，如不主动预习、复习、小结、看课外书，不会主动地思考问题等，因为一切学习活动都是老师安排好的。只有大胆地赋予学生主动学习的权利，让学生主动地进行观察、感受、记忆、想象、分析等活动，充分发挥学生好奇、求知欲旺盛等天性，学生主动学习的潜力才能得以施展，学生的学习才有良好的效果。当然，赋予学生学习主动权并不是对学生的学习不管不顾，这个主动学习机会是老师有意识地创造的，要教会学生主动学习，教会学生从自己的实际出发去学习。

（三）充分利用学生学习兴趣，让学生学得快乐有效

小学生具有好奇、质疑、求知欲强等天性，在教学过程中教师要善于利用学生对外界事物都感到好奇、想寻根究底的心理特点，创造符合学生个性发展需要的情景来激发和培养学生的学习兴趣。学生对教学内容产生兴趣就有了学习动力，学生学习就会集中精力，容易调动多方面的资源掌握书本知识并积极加以巩固，教师可及时发现学生的每一点进步、每一个积极表现，鼓励孩子不断形成新的乐趣，不断发展到新的层次。教师要善于建立民主、友好、平等的师生关系，热爱学生、相信学生、尊重学生，注重激发、培养和保持学生的学习兴趣，让学生感到学习是一件有意义的事情。学习必有艰苦的一面，把现在的学习与未来的理想结合起来，促进学生的学习间接兴趣和直接兴趣的有机结合，学生的学习就会从"要我学"变为"我要学"。学生主动积极地学好知识技能，才能保证其身心的发展。

（四）在真实情景中进行美育的渗透

改革传统灌输式教学方法就要抓住一切时机对学生进行审美熏陶教育，如在学习别乱放、注重卫生这个教学内容时，教师可先设置真实情境。如设置的这个情境是一个桌椅纵横、杂物乱放的教室情景，学生马上就会产生一种乱七八糟的感觉，心理感受会不舒适。然后教师通过教学内容，让学生意识到建立一个整

齐、清洁、美观的学习环境的重要性，并让学生自己去思考如何再现或创造这样一个环境，从而养成讲卫生的行为习惯。真实情景教学训练个体感官，培养学生直觉，特别有利于培养学生的创造性思维能力，情景中的鲜明形象、热烈情绪，能使现实情境中的各种审美对象在学生的想象再现中跳跃式地展开，促使学生在大脑中进行新形象的多种组合，从而促进学生创造意识和创造能力的发展。

大自然已经赋予了儿童发展与成长的种种天性和潜在能力，我们只要能够给他提供适宜生长的环境和条件，就一定能够促进学生生动活泼、全面和谐健康发展。

第五章　纯美教育校本化实施的价值

第一节　文化价值

文化是一个国家和民族的灵魂，艺术和审美是文化精神之树的花朵。中国自古以来就有"文以载道""艺道合一""天人合一"等优秀的审美传统。艺术审美教育指向人类生命本体精神的建构，能够极大地提升受教育者的精神境界。不同于宗教精神的虚幻性和哲学精神的思辨性，艺术审美精神感性生动，充满情感体验和活力，使人在音乐教育、诗歌教育或审美教育中感受到生命的美好价值和意义，激发人的生命创造和自由超越精神。艺术不仅美丽高贵，对自然美的欣赏也能振奋人的精神。正如恩格斯所说，自然美可以净化人的心灵，使人"融于无限自由精神的骄傲之中"。比如流水之美令人耳目一新，山之壮美令人耳目一新，因此，美育具有德育和智育不可替代的精神助推功能。

一、文化价值发展概况

把"文化"视角引入"美育理论研究转向"的命题，不同于文化研究本身。文化研究对象不论是精英文化，还是大众文化，围绕对象所形成的观点往往或对精英推崇，或对大众抑制甚至贬斥，对大众文化尊重和肯定的是少数，造成这一结果的原因是人们赋予"文化"的内涵往往已经打上了精英的标签。

（一）精英文化发展

文化意味着品位、高贵、理性、目标、教养和教化。此种文化研究的直接后果是精英文化的霸主地位被确立。带有精英色彩的文化内涵既指向物质文化形态也指向阐释物态文化时理论家所持有的主观立场和逻辑。简单地说，就是对物态文化意义的赋予和分析过程也是精英文化本身。在赋予物态文化意义的过程中，某种物态文化蕴藏着什么样的理想，或者某种物态文化在创造产生之前被事先赋予怎样的意义，都掌握在精英手中。尽管不同精英群体之间也会有分歧，但这些分歧彼此都可作为精英文化的一种存在方式，它们之间互为补充。文化为理想的替代品，而拥有理想的人又无时不在某种政治立场之中，因而人类社会各个时期的文化内涵往往携带许多政治因素。这些带有明显政治立场的文化内涵，不是文化这一概念在"美育理论研究发生转向"这个命题中所要选择的文化内涵。

（二）文化内涵指向

当文化内涵指向对社会生产方式的描述时，文化的意义将揭示社会生产方式内部生产者的特性。这种文化内涵阐释的方式在建构"当代审美文化"理论上的意义非常重大。因为"当代"社会生产方式中的主要生产者是大众，大众在审美实践中表现出的特征，是"当代审美文化"理论关注的重心。因为侧重描述，所以相对客观。审美文化理论就是对大众审美实践的描述，在基本客观的描述下，大众、大众审美和大众文化不能被天然地贬低，或抵制在精英文化之外，也正是从文化的社会生产方式描述意义的角度看，大众、大众审美和大众文化才拥有了独立、完整的价值。将大众放在审美主体位置上理解，才使得文化研究成果成为美学研究发生转向的必要理论支撑。只有将大众文化客观地对待，而非作为与精英文化对立的反面被否定和抵制时，新的美学研究对象才能具有合理性。为了凸显文化的社会生产描述意义对建构转向的美学理论的重要方法论价值，接下来将更为深入地剖析这种定义文化内涵的方式。

二、西方古代文化教育发展概况

古巴比伦、古埃及、古印度和中国号称四大文明古国，是最早进入文明时代的地区，产生了最早的文字、科学知识和学校萌芽，创造了灿烂的古代文化，是世界文化的摇篮，为后来世界文明的发展奠定了基础。古巴比伦是世界上历史最悠久的古代东方国家。早在公元前 21 世纪，古巴比伦就已经有世俗的教育机构。古巴比伦的教育为少数人垄断，奴隶不能享受学校教育，只有职业官吏、僧侣、艺术家等少数人才能学习文字。古埃及的教育与其他国家相比，较为发达。学校的种类更多一些，有宫廷学校、僧侣学校（又称寺庙学校）、职官学校（或称书吏学校）、文士学校等，但被奴隶主、贵族和僧侣阶层所控制，一般平民不可问津，奴隶更是被剥夺了接受学校教育的权利。古埃及的学校教育，是为统治阶级服务的，培养各级官吏和高级僧侣，因此很重视身份意识和忠于职守。教师惯用灌输和体罚，实行体罚被认为是正当的、合理的。公元前6世纪以前的印度教育被称为婆罗门教育。婆罗门教育先以家庭教育为主，后来在家庭中办起了"古儒学校"。婆罗门教育以维持种姓压迫和培养宗教意识为核心任务，除了传授生活的基本知识、技能、约定俗成的伦理道德和风俗习惯外，最主要的还是传授婆罗门教的基本经典《吠陀经》。作为学习《吠陀经》的基础，学生还要学习语音学、韵律学、文法学、字源学、天文学和祭礼六科。"古儒学校"特别重视对学生的道德训练，要求十分严格。"古儒学校"的师生关系很融洽。教师必须对学生尽心关怀、教育；学生对教师则要恪尽侍奉之劳，并无条件服从。但因为师严而道尊，体罚是最常见的手段。

古希腊人的教育有两种典型的模式，即雅典教育和斯巴达教育。斯巴达教育以军事训练为主，轻视知识和学术。为了达到它的目的，通过严酷的军事体育操练把氏族贵族的子弟训练成为体格强壮的武士，对学生进行强制的政治道德灌输和严酷的身心磨炼，以求学生形成勇敢、坚韧、顺从和爱国的品格。而雅典教育的目的是培养忠于国家的良好公民，不仅要把统治阶级的子弟训练成为身强力壮的军人，更要求把他们培养成为具有多种才干、能言善辩、善于通商交往的政治家和商人。因此，雅典教育主张在学校实施体、智、美、德多方面的教育，培养和谐发展的人。雅典人要求教师在儿童入学时就要把培养良好的品行放在首位，其次才是阅读和音乐。苏格拉底提出"美德即知识"，把知识与道德等同起来，认为智慧的人必然是有美德的人。美德由教育而来，教育的目的，即在于通过认识自己获得知识，最终成为有智慧、有完美道德的人。柏拉图认识到青少年不同发展阶段的心理特征对儿童美育的影响，提出对不同年龄的儿童采取不同的教育手段和方法。

三、学校文化价值

《国务院办公厅关于全面加强和改进学校美育工作的意见》中"以美育人、以文化人"的教育策略，脉络丰富，思路绵长。它不仅是"立德树人"任务的基础，也是"提高教育质量"的重要保证；它不仅是"育人"所需要的规律性价值和"全面发展"的内在逻辑，也是道德教育和诚实品格的精神通道。文化是精神文明世界的载体，同时也是一种信仰；美育则是对高尚品质的追求，是对美的品质的一种崇尚。常言道，没有信仰的人是站不起来的，那么缺少信仰、缺少灵魂的教育也很难真正地实现育人育才的使命和责任。缺少审美取向的学校总是去炫耀自身的唯智化，缺少美育环境的熏陶往往也缺乏人文信仰。

为了实现学校文化和深化教育的目标，运用文化人的方法论和审美教育的教育论进行改革给学校带来了新的战略方向。学校文化对育人规律和目标策略的研究将是打造学校顶层的发展路径。学校发展纯美教育的文化发展战略，主要是希望用"文化育人"的宝贵方法和"以美育人"的目标价值，适应社会的发展，为"唯智唯术"这条道路提供精神引领。教育以人为本，个性鲜明，决定了它的高水平的目标取向，也是立德树人的全面发展之路；以学生为本的目标尊重学生的人格、兴趣和生活观念，决定学校的发展需要用美育来丰富个体的高尚情操，也决定了全新的"以生活为导向"的理念，其深刻含义也不再是简单的分数提升。学校是人成长、成才的殿堂，也是一个培养人们兴趣、创新和创造的地方，在这种情况下，学校不仅需要培养人的高尚理想，还需要一个环境引发个体对生活的向往。

第二节　人的发展价值

树立高尚正确的审美观：什么是审美观，审美观的核心审美标准，树立马克思主义审美观，高尚正确的审美观的形成。培养提高审美创美能力：培养提高审美能力，培养提高创造美的能力。塑造完美人格：完美人格与人的全面发展，美育与完美人格的塑造。纯美教育对于人的成长要解决的四个关系：美德、美景、美矩、美心。

一、"美德"是解决人与人的关系

引导学生认同并欣赏"美德"，是培育学生善良仁爱、合作与分享、尊重与宽容等方面的素养。人的美，包括人的外形美与人的内在美两个方面，即人体美与心灵美。人体美是体现在人的身材、相貌、姿态、服饰、风度等方面的美。

（一）身材、相貌之美是人体美的首要条件
人的身材、相貌是否健康、匀称和充满活力是衡量其美丑的标准。由于它主要通过人体的自然因素表现出来，带有很大的天赋成分，因此，基本上属于自然美。人体美一般要以健康的体魄作为基础，这样才能显示出生命的活力，给人以美感。古希腊雕塑名作《掷铁饼者》，运动员那发达的肌肉、宽阔的胸脯、结实的四肢，处处展示了男性之美。如果一个人病容满脸、精神萎靡，是很难产生美感的。人体美还必须表现在身体各个部位的匀称、比例的和谐上。倘若身体不匀称、五官不端正、比例不适当，也难使人产生美感。

（二）姿态美是人体美的重要表现
人体能呈现出许多不同的姿态，或跪或站，或坐或卧，通过动作使人体各部分互相配合而显现出外部形态的美，这是具有造型性因素的动态美。美的姿态应当是充分自由的。忸怩作态绝不是美，搔首弄姿只能适得其反。

（三）服饰美，包括服装与修饰之美，是为了显露人体之美的
服装之美，我们将另辟专述。修饰包括发饰、面饰、首饰、胸饰、腰饰等。爱美是人的天性，山顶洞人用绳把贝壳串起来作为项链，说明原始先民们开始注意修饰了。现代人更是意识到修饰打扮对于人体美的重要性。恰当的修饰可以对人体起到扬美遮丑的作用。修饰美与人体美融为一体，就能相得益彰，使人越发显示出美。

（四）风度美是从人的神态表情、举止行动显露出来的

风度比较内向、蕴藉，偏重于修养，但它又不等同于品格、情操，仍属外露的、感性的东西，属于人的外在形态美。风度是一时学不会的，要靠长期形成，这同人的教养、生活方式关系极大，是一种内在精神上的自然表露。落落大方、稳健豪爽、机智幽默的人，往往会受到人们的喜爱。

二、"美景"是解决人与自然的关系

教育学生珍爱并欣赏"美景"，是培育学生关爱自然、关爱生命、爱护环境的眼界与胸怀，培养学生正确的生命意识、生态意识。有人认为，自然物本身无所谓美，是上帝、神明赋予了它的美。也有人提出了一种"审美移情说"，认为自然物之所以美，是人把自己外射到或带入到自然界的事物中去的缘故。我国明代的思想家王阳明认为"天下无心外之物""你未看此花时，此花与汝心同归于寂；你来看此花时，则此花颜色一时明白起来，便知此花不在你的心外"，这是客观唯心主义和主观唯心主义的观点，不可能正确地揭示出自然美的根源与本质。在形形色色、绚丽多姿的大自然中，美的事物层出不穷。如果把它与其他美的事物相比，自然美又有着显著的特征。

（一）自然美具有变异性

自然美在于自然同人类的关系，在于自然的社会化与人化，这就决定了自然美具有不同于其他形态的美的变异性。自然美的变异性，从自然原因来说，是由自然物本身的内部运动或自然物之间的相对运动所造成的。同一处瀑布，枯水期与丰水期的美是不一样的。同一朵花，含苞欲放时与花谢欲落时的美是不相同的。造成自然美与变异性的原因，还有人为因素。由于人与自然处于一定的关系中，人的活动就一定会影响到自然美。

（二）自然美具有多面性

自然物的属性是多方面的，自然物与人的社会活动的联系也是广泛而复杂的，因此自然物的美在一定条件下，在与人类社会生活的特定联系中，会得到不

同侧面的显示。同一自然物，有时表现为这种美，有时又表现为那种美，这就是自然美的多面性的基本含义。如月亮，从其形状而言，皎洁如玉盘，弯曲如吴钩，这种阴晴圆缺的变化，体现着一种意味弥深的形式美；就其光波来说，有时朦胧，有时明亮，有时温和，便给人们以宁静安详、充满诗意的审美感受。正因为月亮本身存在着美的多面性，因而欣赏者从不同的角度观赏，带着不同的心情对视，就有可能获得不同的审美感受。

（三）自然美侧重于形式美，自然美的一个相当突出的特点，就是形式美占有突出的地位

在社会美中，内容要比形式更占分量；在艺术美中，要求内容与形式的高度统一；而在自然美中，则偏重于形式。就自然美的内容而言，在多数情况下都显得比较模糊、隐约。谁能说清楚紫金山、长江所蕴含的明确的内容是什么呢？只有在特定的条件下，人们才会明确意识到其中的意义。我们欣赏自然美时，往往只注重形式，而忽视其内容。有些自然物，虽然对人类有益，但因其外貌丑陋，人们都觉得它不美。如癞蛤蟆，不仅能吃害虫，其分泌物可制成中药治病，可是由于它皮肤灰黑，体态笨拙，总是惹人生厌。还有些自然物，尽管对人有害，但因其外形美丽，却得到人们的喜爱。如蝴蝶，其幼虫对农作物危害很大，但它外形美丽，总获人们好评。"留连戏蝶时时舞，自在娇莺恰恰啼"，杜甫的这句诗不是给人带来无限美好的情思吗？由此可见，形式对于自然美来说是何等重要。

（四）自然美具有两重性

自然美还有一种特殊的审美特性，即自然物的美丑两重性。这种美丑两重性与自然美的多面性有着紧密的内在联系。如同样一只老虎，既可作为美的对象来观赏称道，也可以作为丑的对象来看待鞭挞。自然物的美丑两重性，并非决定于个人的主观意识，而是由其自然属性的多样化及其在人生中的不同作用决定的。

三、"美矩"是解决人与社会的关系

社会事物、社会现象、社会生活的美，是美最直接的存在形式，是现实美中最主要、最核心的部分。大自然是宏伟壮观的，但人类的历史比起大自然来，更显得宏伟壮观。社会美比自然美更为壮丽。在现实生活中，除了自然美，凡是社会现象的美，都可以纳入社会美之列。社会美来源于人类的社会实践，它既是社会实践的产物，又是社会实践的直接表现。教育学生懂得并践行"美矩"，是引导学生敬畏法律、遵从规则，培养学生遵纪守法的品质。我们都知道，生产劳动是人类社会生活的最基本的内容，人的本质力量自由自觉的创造活动和才能、智慧、品格、意志、情感等，最直接、最集中地表现在生产劳动之中，社会美也就很自然地集中表现在人们的劳动活动、劳动过程、劳动动作之中。社会美最早就是从人类的生活活动中产生的。原始人创造的壁画、舞蹈、石器、骨器、陶器等，都是人类劳动的杰作，夸父逐日、精卫填海、女娲补天、愚公移山等神话传说，都是对人类征服自然的意志和力量的赞美，也是对人类劳动的赞美。随着人类生产力的发展和科技进步，大量社会性的美的事物不断涌现。万里长城、京杭大运河、埃及金字塔、欧洲哥特式大教堂，这些驰名当世的伟人创造，无不是劳动的结晶，它们不仅代表了一个时代的美，而且也成为一个民族的象征。人类的社会实践，不只有生产活动一种形式，多种多样的社会实践创造着丰富多彩的社会美。在阶级社会里，被压迫、被剥削者的反抗斗争推动了历史的前进，表现出他们伟大的历史首创精神。通过阶级斗争，消灭社会上的丑恶现象，建设新的更加美好的生活。这种为实现人类美好理想而进行的阶级斗争，本身就是美的。奴隶起义、农民起义、资产阶级推翻封建统治的斗争，无产阶级为全人类的解放所进行的社会主义革命，构成了人类历史上一幅幅宏伟壮丽的画卷。从美学意义上讲，这些起义、斗争和革命实质上就是社会领域里美与丑的斗争。

社会美除了存在于上述的生产实践和阶级斗争领域之外，还大量地存在于爱情、友谊、家庭、社交、科学文化活动等方面。车尔尼雪夫斯基所说的"美是生活"的观点，主要是针对人们日常生活而言的。在我们的生活中，凡是能显示出人的健康、正常的生命活动的本质力量的，都是美的。以爱情为例，纯洁、健康、无私的爱情是美的，反之，则是不美的，其他如家庭、友谊、社交也大致如此。

总之，社会生活是人的活动的总和，社会生活之美，是通过这种活动表现出来的。它与自然美的区别，就在于它的存在并不依赖于客观的自然对象，而依赖于社会主体人的实践活动。所谓社会美，实质上就是人的本质力量在人的各种社会活动中的感性显现。

四、"美心"是解决人与自我的关系

人的外在形态美是人的内在精神美的反映和表现，有一颗"美心"，阳光开朗，胸怀开阔，教育学生学会自我理解与宽容等。

外在形态美固然有它的相对独立性，但正如别林斯基所说，人的外表的优美和纯洁，应当是他内心的优美和纯洁的表现。内在的精神美是人的美中更为重要的方面。内在精神美即通常所说的心灵美，它包括人生观、理想、性格、品德、情操、学识、修养等方面，表现在人的言论与行为之中。人生观、人生理想是心灵美的核心。无产阶级人生观、共产主义的远大理想是美的，因为无产阶级是人类最先进的阶级，共产主义是人类最伟大的理想。无数革命先烈为人类彻底解放而献身的精神是最壮丽和最高尚的。品德是人的自觉的道德意识、道德行动，情操是由思想、感情、意志等构成的相对稳固的心理状态。品德和情操，都受人生观的指导和制约，都属于人的内在精神范畴。历来人们把刚正不阿、诚实笃信、谦恭好学、廉洁奉公、助人为乐作为美好的品德与情操。学识、修养也是重要的精神因素。知识贫乏、学问浅薄、缺乏起码的文化修养的人，其精神生活必然枯燥、乏味、低下；而博学多闻、聪慧能干、富有修养的人，就会为人们所尊敬和仰慕。

学生既要有美的内在精神，又要重视外在形态的修饰，努力达到内在美与外在美的高度统一，这是完美的人的美。这种人的美，可以说是社会美的最高形态，也是现实美的最高形态。

第三节 教育发展价值

一、教师角色的界定

角色这一名称由戏剧而来，后引入社会学理论之中，角色理论现在已经成为社会学理论中的重要部分。我们在此谈论的教师角色，应从如下几个方面进行理

解。

（一）什么是角色

角色源于人们对个人与社会关系的认识，社会上没有抽象的个人，只有承担着各种社会角色的具体的个人。一个人在社会中会有很多个角色，按照类别划分可以有家庭角色、职业角色、社会活动角色等，角色是个人与社会的结合点，也是社会网络上最小的纽结。人类学家拉尔夫·林顿（Ralph Linton）最先使用角色（role）这个概念，他认为角色是围绕身份而产生的权利义务和行为规范、行为模式，是人们对处在一定地位上的人的行为期待。传统的社会学理论认为："角色是指与人们的某种社会地位、身份相一致的一整套权利、义务的规范与行为模式，它是人们对具有特定身份的人的行为期望，它构成社会群体或组织的基础。"根据这种观点，社会角色就是社会文化中固定和相对不变的部分，个体要学习并获得特定文化中的社会角色预设，同时依照这种预设从事有关活动。比如"教师"是身份，教育教学则是围绕"教师"这个身份而产生的规范性行为期待，而体现这一规范性行为期待的便是角色。角色并非自己认定的，而是社会或群体所赋予的。

（二）教师角色界说

当人们进入某一社会地位以后，其价值观念、心理因素都被其角色位置所限制，其行为举止无不受社会这一位置预先安排好的规定所制约，即角色规范的制约。当然，对同一个角色，不同时代、不同社会所规定的行为规范会有所不同，同样，教师角色是教师在职业生涯中所体现出来的行为规范总和，教师角色会受到时代价值观、教育观的影响。在学校美育中，教师角色受到美育观的限定，每一次美育观念的转变相应地就会要求教师角色发生改变。在灌输式美育占主导地位的传统美育中，教师角色曾经在相当长的一段时间内保持稳定，没有受到外来的冲击与挑战，也就不可能发生改变；而在知识经济到来之后，在全球化浪潮的冲击下，道德环境发生了很大的改变，美育观念也处在变化之中，新的美育观要求教师扮演新的角色。在多元文化的背景中，在后现代思潮的影响下，教育既要发挥在社会发展中的先导作用，又要回应社会发展的要求，改革成为教育的一种常态，教育观念、教育内容和教育方式正在渐进地发生着改变，学校美育观也随着发生了根本性的转变，对教师角色认识的转变就是情理之中的事情。

二、教师角色的历史变迁与演变

在中国传统教育中，教师的社会地位和角色定位经过了社会不同发展阶段与历史时期的变迁与演化，从古代社会、近代社会到现代与后现代社会，教师的角色地位与人们对教师这一地位的内涵的理解均有很大的变化。

（一）传统美育中的教师角色

传统美育中教师角色是建立在哲学上的主客二分论基础上的，哲学的主客体论把事物的关系划分为主体和客体，强调人改造客观事物的主体性。主体性是西方哲学基于对人性的肯定而确立的一种哲学范式，指主体在对象性的活动中，能够运用自身的力量，能动地作用于客体的特性。在传统美育中，把教师看作道德美育的主体，学生是道德美育的客体，教师作为主体对作为客体的学生具有优先性和至上性，不可避免地陷入"教师中心论"，忽视了学生的主观能动性。在美育内容上，注重知识的传授，对人性的理解和关怀不足；在美育方法上，以灌输为主，缺少师生间的沟通和理解。传统的教育形式是一种囤积式教育，教师是道德美育的权威，学生则处于一种失去主体性的被动地位，难以发展出学生的道德自我。传统的教师角色是事先预设的，教师通过职前教育的培养，系统地掌握教师所应具有的知识和技能，形成对自己应该做什么和怎么做的角色认同，并将其付诸实践。传统美育中，教师通常扮演着如下角色：

1. 教师是社会美育的代表者

教师是接受社会委托对学生的身心施加特定影响的职业人，从社会学意义上说，教师代表了社会的年长一代，成为一定时代社会意志的代理人，社会把自身的期望以身份、角色和规范等形式赋予教师。教师被社会期望为理性的典范者、道德的示范者、知识的权威者和价值的辩护者，教师应反映社会中最美好的东西，教师的职责是促进青年一代的思想行为符合社会的价值观、规范和习俗。换句话说，教师就是社会美德的代表者，是社会美德的象征，教师的行为成为社会美德的集中体现，人们需要从教师那里学习社会所需要的知识和行为规范，加快完成个体的社会化。教师作为社会代表者，把学生看成控制和受教育的对象，不仅对学生明示社会规范性的要求是什么，同时自身也要做社会规范性的典范。

2. 教师是社会美育的主导者

苏格拉底的"美德即知识"的命题拉开了主知主义的序幕，知识美育也决定了教师进行美育就是知识的传递，教师有着绝对的权威，主知主义道德教育在理论上达成的共识极大地影响了学校美育的实践。在学校开设专门的道德教育课，从事直接的美育教学的核心就是试图通过讲解、说服、灌输等形式向学生传授社会所公认的行为准则并希望他们以此来行动，把对道德知识的理解、发展道德推理能力和认知技能作为教育课程的重要内容。知识传递者这个角色成功的一个前提就是在知识占用方面尽可能多于学生、优于学生和先于学生，尽可能拥有对学生而言的知识权威的地位。

（二）新型美育中的教师角色定位

社会急剧变化，伦理观念亟待调整，教师在知识、阅历、修养等方面未必优于学生，教师不再可能占据绝对权威地位。在后现代思想的背景之下，教育者与受教育者各自坚守与主张着自己话语权的地位。现代美育的特点是要教育者与受教育者之间通过合作、交往和对话，共同处理生活中的种种美育冲突。在这个过程中，教育者与受教育者双方共同得到成长，而传统的师生观则很难适应这种变化了的现代美育要求。现代的道德美育处在一种多元文化的、全球化的、后现代的、相对主义的奇特文化环境之中。随着哲学与其他社会科学理论研究中对人的认识的不断深入与改变，特别是人的主体身份与特性受到前所未有的重视，教育者与受教育者之间的主体性得到强调，教师的角色定位也随着教师身份内涵的转变而发生改变。在当代社会中，教师依然是从事教育工作的职业身份，名称没有改变，但教师身份的内涵却发生了很大的改变，需要对教师角色进行重新认识。当前，学校美育中的教师的角色发展有了如下改变。

1. 教师既是美育教育者又是美育学习者

教师身份的获得并非意味着教师是个已经成形的人，而是需要不断成长和发展的人。教师和普通人一样有自我发展的需要，需要在认知、情感和社会化等方面得到不断的提高和发展。同时，教师作为专业的教育工作者，在专业能力、专业情感和专业伦理等方面也有进一步发展和提高的需要。教师的发展不仅需要来自社会时代的变迁与教育内部的变革，也来自教师自身发展的需要。现代社会正处于一个迅速变革的时代，每一个人都是社会变革的参与者，教师通过培养未来的社会公民而成为社会变革的推动者。网络化、信息化的普及改变了传统的教育方式，对教师的角色提出了很大的挑战，教师要不断地发展自己，改变自己的知识结构、教育观念和工作技能，以此来适应社会发展的需要。教师角色的转变过程也是教师发展的过程，从知识的传递者、道德美育的权威者转向儿童学习的支持者、儿童道德成长的促进者；从教育任务的完成者转向教育实践的研究者，教师在角色转变之中也促进了自身的成长。从教育生活的视角出发，教师是教育生活的重构者，教师在教育教学过程中、在与学生交往过程中会不断地充实和完善自身的发展，教师与学生情感的交流、生命的互动、经验的分享，都能让教师自身有所触动，教育过程也是教师自我教育与自我成长的过程，自我成长的过程也是个体学习的过程。

教师的职业要求教师做一个合格的道德教育者，但是人的本质的不确定性和发展的潜能，决定了任何人都不可能是既定的道德完人，教师也是一样，同样需要不断学习、进步和成长，教师不是已成的人，而是成长中的人。从教师职业生涯发展的角度看，教师也是成长中的人，其在职业中的自我成长贯穿在教育生活的整体领域，是不断获得发展的人。美育不是静态的规范，而是和生命一体的动态生成过程，生命的本质是其生长性，教师与生命一体，道德如果远离了教师生命，也就不再具有发展的特征。

2. 教师既是美育示范者又是美育实践者

教师不是完美的人而是完整的人，教师是有着人的一切需要并在生活中存在着的人，教师的生存状态、生活方式和其他角色的人有所不同，那就是教师的身份所带来的权利、义务和责任。教师所做的工作的目标是培养人，决定了由此所形成的教师应发展成为优秀的人。一方面，教师受社会委托，是社会性表意角色的扮演者，要求教师应当是学生的美育榜样；而另一方面，教师是"生活中的凡人"，意味着教师在生活中也要进行美育实践。教师是完整的人，正是由于教师是完整的人，是有情有欲有各种需要的人，因此，教师也是一个美育实践者。人之所以为人还在于人的精神性需求，发展人的精神属性，道德发展才有自身的根据，才是属人的，是有生命的人。"作为一个完整的生命体的人，教师有生理的需要，即物质生活的保障；心理的需要，期待尊重和爱的浸润，渴望心灵自由的空间；社会性需要，有自我实现的梦想和追求。只有这些需要得以满足，教师才可能营构幸福的教育人生，凸显主体的生命意义。"[1] 人的最高追求是自我实现，人本主义学者马斯洛的需要学说将人的需要分为五个层次，最高的层次就是自我实现的需要。教师的自我实现就是通过完善自身以育人成人，作为一个完整的人的自我成长。

3. 教师既是美育知识的传递者又是学生学习的合作者

从社会的角度看，教师因为从事特殊职业而在社会中占据相当重要的地位，作为知识文化的传递者和社会文化的诠释者，教师担当着承上启下连接过去与未来的角色，是社会发展的中间人。教师的使命是通过服务学生来为社会服务的，比任何一个阶层都更能真正地通过社会而存在，为社会而存在。教师是受社会委托来从事教育的，传授价值观念、知识文化和技能是教师必备的，教师掌握这些不是为了教师自己，而是为了社会。从超越个性化的视角来看教师，可以说教师是整个社会的教师。雅斯贝尔斯说："一个民族如何培养教师，尊重教师，以及在何种氛围下按照何种价值标准和自明性生活，这些都决定了一个民族的命运。"[2] 教师的身上肩负着神圣使命：传播人类文明，开发人类智慧，塑造人类灵魂。教师素质影响着人类社会的未来，教师的价值取向、精神风貌和德行等综合素质直接影响到学生的素质。在个人的一生中，离不开教师的影响；在社会的存在和发展中，教师承载着体现一定社会时代性的伦理价值，并向下一代传递。

教师作为知识分子必须承担他们作为公民和学者的责任，无论对哪个社会来说，道德状态的最终的检验，就是这个社会中孩子们的状态，教师要把学生教育成积极的具有反思批判性的公民，教师自己首先就应该是转化性知识分子。"将教师视为知识分子，有必要强调，教师必须承担积极的责任，提出有关他们教什么、他们准备如何去教以及他们准备追求的更大的目标是什么这样一些严肃的问题。"[3] 教师并非以一种客观的方式传递一套共同的价值与知识，教师在传递知识和道德规范时都会带上自己的烙印，教师不可能采取中立的立场。教育从本质上看，就是教师和学生的交往和互动，离开了交互关系，也就不存在教师和学生

[1] 曹俊军. 论教师幸福的追寻 [J]. 教师教育研究,2006,18:35-39.

[2] 雅斯贝尔斯. 什么是教育 [M]. 邹进, 译. 北京：三联书店,1991:86.

[3] 亨利·A. 吉鲁. 教师作为知识分子迈向批判教育学 [M]. 朱红文, 译. 北京：教育科学出版社,2008:152-154.

的角色。教师不仅是知识的提供者，也是与学生共同进行有关学习主题、意见、思想和情感的交换与分享的合作者，这就要求师生之间形成真正的交流。教师的角色转换意味着教师从固有的知识"传话筒"和课堂话语的"霸权"定位转变为教学活动的变革者和创新意义的建构者，以动态、多元、开放和平等的态度来对待教育教学活动，而教师角色的转换也需要现代的美育教师具备专业的美育修养。

三、教师自身修养的内涵

随着时代的发展变迁，现代社会和当今时代的发展要求教师具备先进的道德意识、道德观念，建构教师的职业理想，树立正确的教育理念，转变教师观、学生观和师生观，完善合理的师德内容。教师要自觉加强师德修养，坚持以德立身、自尊自律，以自己高尚的情操和良好的思想道德风范教育感染学生，以自身的人格魅力和卓有成效的工作赢得社会尊重。爱岗敬业、学而不厌、诲人不倦、为人师表、自律慎独，教师应当成为善良的使者、挚爱的化身，做品格优秀、业务精良、职业道德高尚的教育工作者。尊重学生、关爱学生、服务学生，发现和培养学生的兴趣和特长，塑造学生大爱、和谐的心灵。

（一）充满爱心，忠诚事业

教师首先应是一个充满爱心的人，应该把追求理想、塑造心灵、传承知识当成人生的最高追求。要关爱每一名学生，关心每一名学生的成长进步，努力成为学生的良师益友，成为学生健康成长的指导者和引路人。教师选择教育作为自己所要从事的职业，就要尽职尽责，尊重这份职业。梁启超先生曾说过，劳动和生活是合二为一的，一个人对自己的职业不敬，是亵渎职业之神圣，从事实上说，就会把事情做糟，结果是自己害自己。忠诚教育事业就是要发自内心地热爱自己所从事的教育工作，找到教育职业的尊严感，找到职业所赋予个人的生命意义，把教书育人看成自己的天职和使命，全身心地投入教育工作当中，不断增强自己对教师职业的认同感和责任感，在平凡的教师岗位上实现个人人生的生命价值和追求。

（二）努力钻研，学为人师

当今时代知识更新换代的周期越来越短，每个人都需要不断学习才能适应工作要求，教师更要不断地用新的知识充实自己。教师只有学而不厌，才能做到诲人不倦。教师要崇尚科学精神，严谨笃学，做热爱学习、善于学习和重视学习的楷模。要如饥似渴地学习新知识、新科学、新技能，不断提高教学质量和教书育人的本领。要积极投身教学改革，把最先进的方法、最现代的理念、最宝贵的知识传授给学生。在信息社会里，教师不再是知识的权威，但应该是专家型、学者型和研究型的教师，要在自己的专业领域里有所特长，就要孜孜以求，在专业上达到一定的高度，才能学为人师。

（三）以身作则，行为示范

教育是心灵与心灵的沟通，灵魂与灵魂的交融，人格与人格的对话。教师个人的范例对于学生心灵的健康和成长是任何东西都不能代替的。好的老师是孩子最信任的人，有些话孩子甚至不愿意对父母讲却愿意跟老师讲，老师能帮助他解决思想问题和实际问题。老师做到这一点不容易，没有爱心是不可能做到的。唯有教师人格的高尚，才可能造就心灵纯洁的学生。教书者必先强己，育人者必先律己，"经师不易得，人师更难求。"我们不仅要注重教书，更要注重育人；不仅要注重言传，更要注重身教。孔子说"其身正，不令而行；其身不正，虽令不从""不能正其身，如正人何"，教师职业的特殊性就在于它是培养人的活动，通过自己的人格和品行来影响和引导自己的劳动对象，而且对劳动对象的影响是深远的甚至是持久的，这就意味着教师要能为学生的成长和发展提供引导和帮助，并能为学生做表率和示范，即教师要为人师表，它是教师德行内涵的表达，也是教师良好的个性修养的展现，是真、善、美在教师身上的集中体现。

四、教师的美育素养

教师的美育素养是教师教育教学素质的内容之一，对一名专业教师来说，教师的教育教学素质应包括教师的专业知识、专业能力和专业精神等方面。从美育工作的角度来看教师的专业素质，教师应具备科学有效实施美育的必备素质。

（一）教师美育素养的结构

教师进行美育工作需要具备一定的美育知识和完成美育工作的能力，教师要有美育工作所需要的素质才能将美育工作做得更好。教师美育素养是教师实施美育素质的一种综合性体现，需要教师认真学习并逐步积累经验，以提升美育工作的水平。教师的美育素养包括如下几方面。

1. 教师的美育意识

唯物史观认为，人类社会的每一种实践活动都是在一定社会意识指导下进行的，美育活动也是如此，受到教师的美育意识的指导和调控。意识是指对客观事物对象的一种反映，这种反映可能是正确的也可能是错误的，正确的意识对实践活动起着积极的调控作用，使其实现预期的目标，错误的意识产生消极阻碍的作用，对活动目标的实现起阻碍作用。美育工作也是如此，教师要形成积极正确的美育意识，要不断地学习，强化自己的美育素养，保持积极正向的功能。教师美育意识的形成，取决于教师在美育活动过程中的感性体验和理性升华，包括四个方面。第一方面是教师对美育意识现象的体验，是指教师在一定美育活动中形成并影响教师美育活动的各种善恶价值。教师应增强自我体验能力，保持良好的意识状态。第二方面是教师对学生美育实际表现的体验。美育的对象是学生，学生的思想面貌、道德水平、学习态度和生活习惯等直接体现了美育的效果，必然反映在教师的头脑中，形成教师美育工作的基本状态，而且只有从学生实际出发，获得学生美育的实际体验，才能获得美育意识的感性材料。第三方面是教师获得对美育活动的体验。美育活动是将主观和客观统一在一起的过程，在美育活动的动态过程中，会暴露出一些矛盾，构成意识反映活动的基础。第四方面是对美育环境的体验。美育总是在一定的环境中进行的，任何教育活动都会随着生活条件的改善、社会关系的改变而改变，美育环境有家庭、学校和社会三个层面，构成了美育意识的内容的直接土壤。

2. 教师的美育知识

教师的美育知识包括两个方面：一是被称为"本体性的知识"，即关于什么是美育和美育相关的知识；一是被称为"工具性的知识"，即关于如何教美育和如何才能让学生发展美育的知识。教师须具备一定的道德哲学和人文社会科学方面的专业知识与专业修养，对美育的本质和规律有专门的研究，对美育生活有合理的理解，对美育教学有具体的深入的认识与训练。此外，广阔的文化背景知识是对美育知识的支撑，也是美育取得最佳效果不可缺少的一部分。

教师美育的"本体性知识"是教师胜任美育工作、实施教书育人活动的基本保证。教师的美育本体性知识应是对美育学科内容的精专，包括关于美育的认识、内容和相关的理论，关于美育的概念、原理、理论和事实及其发展变化等学科内容。教师因个人能力和其他原因的限制，做不到对每门学科都精通，但作为一名教师，应对美育的知识有所了解和掌握。教师不应只会教书不会育人，美育的本体性知识是教师必备的知识之一。

教师美育的工具性知识是指帮助教师进行教育教学活动的教育学科知识和实践知识。开展美育工作要根据学生的身心发展特点和发展规律，形成正确的教育思想和教育理念，具备从事教育教学工作所需要的能力，如与学生沟通对话的必要技巧和注意事项，了解组织学生活动的成功经验，知晓进行美育研究的程序和环节等。教师个体的美育实践知识是基于教师个人的经验积累，表现为教师对待和处理美育问题所体现出的是个人特征和教学智慧，有些是可以明确意识到的，有些是以知识的形态存在于教师的知识体系之中的，教师个体的实践性知识具有较强的情境性特点。

3. 教师的美育能力

能力是人完成某种活动所必备的一种个性心理特征，美育能力是教师符合美育要求、影响美育效果的个性心理特征的综合。教师美育能力是影响美育教学效果的重要因素，教师除了需要具备基本的美育理念和美育知识，还需要具有相应的美育能力，才能有效地在教学中进行美育工作，开展美育活动，从而让学生顺利地发展自己的美育品质。一般情况下，人们普遍关注教师的教学能力、人际交往能力、课堂管理能力等教育教学能力，而忽视在这些能力中所包含的美育能力，教师在学校中的所有活动都具有教育性，都蕴含着美育的契机和资源，发展教师的美育能力是在美育活动中实现的，不是任何一种教育活动都可以发展教师的美育能力。教师在美育活动中发展美育能力依存于一定的条件：

第一，掌握必要的美育知识与技能是发展美育能力的先决条件。教师在掌握美育知识和技能的过程中，与美育活动有关的心理机能就能得到锻炼，形成特殊的心理活动系统，发展特殊的能力，这个过程就是教师的一般教育教学能力向美育能力的特殊化过程。而且教师在掌握美育的知识和技能的过程中，也会提升自身的教育教学能力。

第二，美育能力的发展还依赖于美育活动内容的正确选择。学生的美育发展是有一定阶段性的，在不同的发展阶段应选择适当的美育内容展现给学生，这样才能达到理想的美育效果，教师的美育能力才能得到锻炼和提高。

第三，做到美育活动过程的合理安排和美育方法的恰当运用。教师应从学生的实际出发，在美育活动中逐步培养起自身美育的智慧，达到对美育工作的通达。

（二）教师美育素养的提升

随着社会发展，分科教学的出现，在学校教育里，美育做到课程从其他课程中分离出来，成为一门独立的学科。专门的美育教师是指学校专门进行美育学科教学的教师、组织学生美育活动的辅导员和教育管理人员，学校里其他的教师就被称为非专门美育教师。这种分离有积极和消极两个方面的影响，积极的一面是学校美育的特殊性得到认可和重视，美育需要专门的课程来进行专门的训练；消极的一面是美育似乎只是专门美育教师的责任，忽视了其他教师的美育责任。而事实上，学校美育是一个全方位的立体工程，虽然在形式和内容上有直接美育和间接美育之分，有美育显性课程和隐性课程之分，有专门美育教师和非专门美育教师之分，但学校所有的教育活动都包含着美育的内容，学校里所有的教师都肩负着教书育人的使命，从这个意义上说，所有的教师都是美育教师，都要提升美育素养。教师美育素养的提升主要通过培训、自修和在实践中锻炼等基本途径来进行。

1. 教师的培训

教师的培训分为职前教育和职后培训两个阶段。职前教育由大学教育中的师范类教育专业教师承担培养师资的任务，在职前教育阶段通过专业课程的学习和专业技能的培养，使其他教师相应地获得一些美育素养，主要包括开设美育课程，进行教育见习和实习，参与教育实践活动等；在职后培训阶段主要是给其他教师分享教学经验，并将其转化为教学的实际能力，通过观摩、借鉴和有针对性的训练而实现目标，一般则通过继续教育培训或是校本培训的方式来完成。

2. 教师的自修

教师美育素养提升的内在要素是教师发挥自身的主观能动性，通过自修来涵养孕育美育的知识和能力，不仅让自己成为一个德才兼备的教师，还让自己成为能教书育人的人师。教师通过自修来提升美育素养，一方面，要把美育工作当作教师职业的一项使命来做，教师所从事工作的最伟大之处就是能影响学生的心灵，让学生朝向善的方向成长，教师对此负有义不容辞的责任，持有这样的信念才能激发教师进行美育修养的动机和自觉意识；另一方面，教师要在教学和教研过程中，将美育作为一项内容来进行研究，只有研究型的教师才能不断地发现问题、解决问题，在研究中将理论与实践结合起来，提高美育工作的实际能力。

3. 教师的实践

实践是教师提升美育修养的根本途径，教师不仅要通过学习来掌握美育的知识和技能，更重要的是身体力行，在实际的教育教学工作中能实施美育，在教书中育人，在育人中教书，将教书育人融为一体。实践是教师实施美育的认识和经验的来源，只有在美育实践工作中，教师才能获得对美育效果的真切感知，才能对美育工作进行反思，进一步纠偏补缺，完善教师自身的美育工作素养；同时，实践也是教师提升美育素养的重要方式，在美育实践过程中遇到的美育难题、产生的美育困惑与面临的美育问题，能让教师不断地进行思考、解决问题和改变行动，增强美育的实效性。教师在美育实践的过程中，往往要克服各种困难和障碍，这是对教师美育素养的综合考验，也是教师积累美育工作经验，提高美育工作水平，使美育素养不断得到提升的过程。随着社会发展变化的进程加快，学校美育工作不断地面临着新问题和新要求，这就要求教师要在美育实践中进行新的探索，不断更新美育知识，增长美育才干。美育实践既是教师美育修养的源泉，也是教师美育修养的目的，同时还是检验教师美育修养所能达到客观效果的一个标准。

五、教师在学校美育实施过程中的作用

一定的美育总是通过具体的程序来实现的。美育实施中所经过的程序大致是：首先，教育者将一定社会的思想品德规范，通过各种方式和途径灌输给受教育者；其次，受教育者根据自己的需要有选择地接受社会思想品德规范的要求，"内化"为个体的思想品德意识；再次，受教育者将个人头脑中的思想品德，"外化"为个体品德行为；最后，通过个体品德行为所产生的社会效果，获得信

息反馈，对行为进行判断，并进一步调节自己的行为，以形成教育者所要求的一定的思想品德。美育过程中的程序又是由具体的环节构成的。一般来说，美育实施过程包括以下三个基本环节。

第一，确定美育目标，制订教育计划。美育过程的逻辑起点应该是来自教育者方面的主动活动。只有首先确定一个明确的目标，才能使美育活动有的放矢，为此，教育者要掌握社会对受教育者的要求和受教育者的思想品德状况。明确目标之后，教育者就要着手制订美育过程的实施计划。制订计划要有系统安排，全面考察实施各种教育在美育过程中的相互关系。明确了教育目标，制订出教育计划，这还是教育者主观范畴的东西，教育者只有组织美育过程，与他们的教育对象发生实际的联系，参加到美育过程的实践活动中去，才可以使教育者的目标、计划客观化、对象化。

第二，选择教育机制，实施教育目标。确定明确的目标，制订合理的计划，这只是美育实施过程的开始，紧接着的问题便是教育者如何根据目标和计划对受教育者实施教育，从而达到预期的目的，这就要求选择适合受教育者特点的教育机制。所谓教育机制，就是美育实施过程中的具体工作方式和方法。选择适宜的教育机制，目的在于促进受教育者思想的转化。受教育者思想的转化是一个复杂的过程，一般来说，它需要经过知、情、意、信、行几个发展阶段，这几个阶段实质上就是受教育者思想的内化过程。遵循这一过程及其规律，有针对性地选择教育机制，促使受教育者的思想由认识向行为的转化。

第三，加强信息反馈，进行科学评估。美育实施过程的最后一个环节，是对整个美育实施情况进行总结评估，而总结评估在一定意义上是对教育者输出的教育信息进行全面反馈。信息反馈在美育实施过程中具有特别重要的意义，它对于掌握教育方向，分析教育效果，调整教育方式，都有着十分重要的作用。当然，信息反馈不仅存在于总结评估阶段，而且渗透于美育实施过程的各个环节，加强这方面的功能，将有助于整个美育系统的协调和发展。

上述环节揭示了一个完整的美育实施过程。在对美育全过程主要环节的认识上，还存在着不同的角度和侧面。当然，在这些过程的具体展开中，同样要经历确定目标和计划、选择实施机制、加强信息反馈与评估几个主要环节。

第六章　小学纯美教育的实施原则、过程和特征

第一节　纯美教育的实施原则

一、学校美育制度管理的基本原则

合理的规章制度，是美育管理者的是非标准和行为准则，它对美育管理者养成良好的自觉纪律和行为规范有着重大作用。要使制度发挥作用，制定美育管理制度时应该坚持以下几条基本原则。

（一）符合国家的教育方针、政策的精神，符合美育管理的原则

国家的宪法和法律，党和政府的法规、方针政策，是全国各行各业都要遵守的，学校也不例外。各级教育行政部门对某一时间、某项工作的条例、决定、要求等是其所属的学校必须遵照执行的，这些都是学校制定规章制度的重要依据。学校领导者应当经常学习、深刻领会有关的法律、法规、政策、决定等的精神，在此基础上制定或修订学校的规章制度。只有这样，学校制定的规章制度才能符合党和国家或上级的有关精神，而不至于与党和国家或上级的要求相悖，才能成为社会规章制度体系中的一个有机组成部分。

（二）从本地区、本校的实际出发，遵循因校制宜原则

学校的规章制度是在一个学校内部贯彻执行的，因此在制定时还必须考虑到本校的实际情况。在制定规章制度时不仅要看到共同性，还要看到差别性。从主观方面看，各校师生的思想道德素质、行为习惯、工作状况等是有差别的；从客

观方面看，各校的人力、物力、财力条件，所处社区环境条件，家长状况等也是有差别的。只有充分考虑到这些实际情况，才能使规章制度制定得恰如其分，制定的规章制度才是本校所需要的，才是能执行的，这不仅能得到师生员工的支持，而且能得到社区和家长的欢迎和支持。

（三）制定规章制度要广泛征求意见，代表师生的利益

规章制度是要大家去遵守、执行的，因此在制定时要让教职工参加酝酿、讨论，还应吸收学生的意见，这样可避免制定不切合实际的主观性、片面性的规章制度，又可以提高师生遵守、执行规章制度的自觉性。一旦制定就要使执行规章制度成为群众的自觉行为，发挥它的最大效益。

（四）规章制度要相对稳定

稳定的规章制度，才能充分发挥它的规范师生行为的功能，才能使学校有稳定的秩序。因为人们一定的行为习惯，需要在执行规章制度的过程中通过一定的时间的教育和训练来养成。如果朝令夕改，师生就会感到无所适从，规章制度就会失去其权威性，必然造成学校秩序混乱。但这种稳定是相对的。当客观情况发生变化时，师生对规章制度会有新的认识和新的建议，因此对某些规章制度做一些修改，也是必要的。另外，制定规章制度时的文字要简明扼要，内容要全面明了。而且一经公布，要坚决执行。

二、美育以和谐教育为主线的原则

和谐教育的最终目标是造就学生和谐的个性。和谐教育的内涵是丰富的，它可以按不同维度、不同层次来分析，如关系结构的和谐，教育发展目标的和谐，外部环境的和谐，生命内部关系的和谐，等等。它追求的根本目标在于学生身心发展本身的和谐。教育的本质是发展学生的实践活动，必须把办学者的精力集中于学生的发展。什么是发展学生和谐的个性呢？我们理解和谐的个性由表及里包含三个含义。

首先，承认每个孩子都是一个独立的精神世界，有独特的天性和潜能。和谐教育是热爱每一个学生，使每个学生都能充分发挥自己的个性潜能，成为他自己

能够成为的人。因此，教师既毫无例外地热爱每一个孩子，又承认儿童在身心潜能方面的差异性。这一差异性仅指智能方向的差异、个体性向的差异、发展速度与样式的差异，并且这一差异是发展过程中一定时段上的差异。学校课程配置要有弹性，教学形式和要求比较灵活多样，评估体系逐渐开放、多元。我们认为，正是承认儿童的差异、适应儿童的差异才为每个儿童赢得快乐、胜任的学习感受，赢得心灵的平静与和谐。这样，所有儿童才可能是不被学校教育排斥的身心安宁的人。

其次，和谐教育模式认为，尽管儿童潜能方向和水平有差异，但小学教育作为为人的发展打基础的时期，应使其发展在内容覆盖和智能开发训练方向上较为均衡，成为一个较为均衡发展的人。如：儿童的知识、能力与态度三者大体上均衡。还如：儿童的认识发展与情感发展两者大致协调。再如：允许学生对不同学科有所特长，但又不过于偏科，等等。总之，基础教育在对学生的基础知识、基本技能、基本态度方面，有基本要求，要求三者之间较为均衡，发展均衡即为个性和谐。

最后，经过和谐教育的学生在深层次心理结构的建构上有明显的审美性特征及其定式倾向。学校积极为学生创造和谐的精神氛围、和谐的物化环境、和谐的人际关系、和谐的教学节律，这一和谐教育特征所共有的秩序美、形式美、节奏美、人心亲和美对学生有耳濡目染之效，推动儿童渐渐建构起审美型心理素质，它们即是：由审美心理结构构成的和谐态，又是具有趋美定式倾向、有动力作用的和谐力。具体包括：（1）具有和谐的感知判断，懂得什么是和谐；（2）对和谐的情感倾向，即对和谐的企盼以及对不和谐的憎恨；（3）对和谐的意志追求，即它是一种欣赏、创设和谐，正视、改造不和谐的文化力量。应当说，这是和谐教育最深层、最终极的追求目标，是和谐教育追求的最高境界。

我们认为，要实现这样包括知、情、意三个领域的目标，需要做许多细致的工作。其中，最重要的工作是对教师的培训。每日面对学生的教师必须懂得什么是和谐教育，应当用什么样的儿童观、成才观、人才观，用什么样的师生关系去实现和谐教育。一句话，提高教师的教育素质是实施和谐教育的根本保证。教育素质不单单是教学水平，更不是学历文凭，它的核心是教师对教育的理解，对成长中的学生的信任和期待，是影响和发展学生的艺术和能力。

三、激发表现动力和传授表现方法相结合的原则

组织美育过程，首先要面向全体学生，向集体提出共同的美育要求，教育者首先要教育集体、培养集体，形成良好的集体风气与氛围，并通过集体的活动、舆论、优良风气、传统教育个人。集体一旦形成，就会形成一种无形的教育力量，对集体中的个人产生潜移默化的影响。同时，教育者也要注意通过教育个人来影响集体的形成与发展，做到表现动力和传授表现方法相结合，教育者个人和受教育者集体共同教育、影响个人，教育集体与教育个人同时、平行地进行。

（一）热爱、尊重、信任学生与严格要求相结合

热爱、尊重、信任与严格要求是辩证的统一，两者相互联系、相辅相成。对学生的尊重与热爱是所有教育得以开展的基础，也是美育能否真正取得实效的关键所在；而严格要求则是促进受教育者美育发展的保证，离开了对受教育者的严格要求，就谈不上受教育者有效的美育养成与进步。热爱、尊重、信任学生应注重以正面引导，发扬学生的优点、长处为主，同时帮助学生克服他们身上存在的消极因素，发扬其积极因素。

（二）美育影响的一致性与连贯性相结合

美育影响的一致性和连贯性是指在学校美育过程中家庭、学校、社会三方面的教育力量应协调一致，系统地发挥整体影响的教育作用。苏联著名教育家马卡连柯曾说过："一个人不能够一部分一部分地来教育，而是由人所经受的种种影响的全部总和综合地教育出来的。"[1]

美育影响的一致性指的是影响受教育者思想品德的各方面因素和力量的协调一致。美育影响的连贯性则是指美育过程运行的计划性和系统性。美育过程系统是一个与外部社会相互影响、相互作用的开放系统，如何利用各种外部因素，形成教育的合力，成为现代美育所面临的迫切的现实问题。

---

[1] 胡守棻. 德育原理 [M]. 北京：北京师范大学出版社,1989:139.

四、适合审美个性差异和发展水平的原则

童心是可贵的，但又是易变的。审美要符合学生身心发展的特点，学生的身心发展在不同年龄阶段呈现出不同的特点。备课时，教师对于教学的深度、广度、速度、强度和结构的选择，必须适合学生身心发展的这种特点，要从多方面来确定教学内容、方法的难度和节奏，在"难"又"不太难"中选择适合学生发展的难度适宜线，在掌握教学速度、强度变化中选择课堂教学的节奏，以科学化、适量化的标准来确定教学的结构，既不超出学生可接受的限度，又能促进学生智力、体力的一般发展以及特殊才能的发展。

随着儿童的逐渐成长，生理、心理机能的不断发展，理性的抽象思维能力逐步增强，他们开始用"大人"的方式来分析和处理问题，对抽象思考与严密逻辑推理的重视往往导致了其心灵敏感性、丰富性和新颖性的衰退，导致了对审美特质的敏感性的衰退。H. 加登纳通过研究指出，在 2～11 岁这个潜伏阶段里，即使在那些并无特别天赋的儿童当中，艺术创造性通常都会延续一段时间。许多 8 岁的儿童仍然像小时候一样继续自发地、无明显自我意识地画画、哼歌、作曲或写诗，将成为创造性艺术家的儿童们在这一阶段里也许对感觉刺激及对别人的作品更具敏感性，也许他们对刺激物之间关系的认识具有超常的能力，也许他们有更流畅的思想，有更广泛的移情倾向和敏锐灵活的感觉原动资质，但是到了 9～10 岁时，他们的创造性便开始衰退了。许多儿童在这一阶段便压抑了自己的制作活动而喜欢充当批评者或欣赏者的角色。也正如苏联著名教育家苏霍姆林斯基所说的："儿童时代的东西，到了少年时代无法弥补，到了成年时代，就更加无望了。"这一规律涉及孩子精神生活的各个领域，特别是美育。

关于学生个体发展的观念论述。道德是怎样形成和发展的，一直是人们要探讨的问题，在人的道德形成和发展的思想史上，基本形成了两大派别的学说：一是强调外部要素在人的道德形成和发展中的主导作用，认为人的道德形成和发展要靠社会习俗的教化，靠教育的灌输和训练，靠行为习惯的养成；一是强调人自身的内部要素在道德形成和发展中的作用，认为人的理性和人的主观性是道德形成和发展的本源，人总是在总结个体道德经验基础上，让道德逐渐成熟和发展起来的。综观对道德形成和发展的看法，有以下几种代表性的观念。

（一）成熟论

美国著名发展心理家格塞尔和汤姆逊做了一个著名的同卵双生子爬梯学习的实验，说明生理成熟的准备状态不同，对学习效果有不同的影响，这个实验同样也可用来说明品德学习的问题。这个实验选择了在很多重要点上都是一样的 46 周双生子，对其中一个 A 做爬梯的学习实验，让 A 必须学习爬过一个阶梯，才能到一个高栏小床上拿到吸引他的东西。对另一个 B 则暂时不做这个学习实验。结果发现在 A 的第一次爬梯学习中，观察到他的动作既迟缓又笨拙，而且需要一些帮助。此后每天用 10 分钟进行爬梯练习，经过 6 周的练习到第 53 周停止。这时让同样是 53 周的 B 第一次开始做相同的爬梯学习，结果观察到 B 的第一次爬梯动作比 A 在 46 周时的爬梯动作成绩要好得多，不需要任何帮助；让两人从地板爬到梯顶，A 用了 25 秒的时间，B 用了 45 秒，B 的爬梯动作不如 A 那么熟练，因为 A 已经有了 6 周的训练，而 B 缺乏这种学习；此后让 B 进行两周的爬梯学习，其成绩明显提高，从地板爬到梯顶只需要 10 秒钟，B 2 周的学习远远超过了 A 的 6 周学习，B 在学习爬梯时比 A 晚了 6 周，B 的生理成熟状态比 A 好，学习的效果也就不同。这个同卵双生子的爬梯比较实验为成熟论提供了实证性基础，他在一些儿童早期发展研究之后提出，儿童的神经系统是按照阶段和自然的程序成熟的，儿童的各种能力包括道德都受成长规律支配。成熟论虽然看到了道德发展要受到生理因素的影响，是认识上的一种进步，但没有完全走出道德发展由先天因素决定的阴影。

（二）阶段论

人的发展是有阶段性的，这是人的发展的一个显著特征。古今中外的思想家、教育家都曾对人生阶段进行过划分，并具体提出了在不同的阶段要进行不同内容的教育，每个阶段的教育重点不相同，需要进行的教育手段也不相同。这一派认为个体道德发展是到了一定阶段才进行的，个体发展的每一个阶段都有一个主要的方面，每个阶段的主要方面是不同的，每个阶段都有一个发展的重点。如法国卢梭认为，2 岁以前的儿童主要是身体的健康生长；2～12 岁的儿童智力尚处于睡眠期，只能进行感官的训练；12～15 岁才是进行理智教育的时期；15～20 岁主要的教育任务是情感和意志的培育，道德教育要在此五年内进行，卢梭非常推崇情感教育在道德形成中的作用。卢梭开了把个人成长历程作为教育理论研究重点的先河，凭借其自身的深刻觉察和直觉能力，提出了一系列不同于当时教育传统的主张，在人类思想史和教育思想史上产生了深远的影响。个体道德发展虽然与其他方面存在不平衡性，但就总体而言这种说法未免太绝对了。

（三）扩展论

这一派认为个体道德发展由孩子到成人没有什么质的变化，只是量的增长，道德随着个体的长大而发展，在人生的不同阶段，道德教育内容没有什么区别，只是程度的不同而已。道德发展就像水波纹似的扩散，道德的起点好似是圆心，道德发展在不同阶段只是圆的半径长短的不同，道德发展犹如圆的半径的不断延长，是圆的面积的不断扩大，是圆心的不断提升，整个道德发展过程是螺旋式地不断上升和扩展。捷克教育家夸美纽斯就持这样的观点，他认为教育要适应自然的原则，一是要适应自然的顺序，自然界的万事万物都有生长法则和秩序，遵循一定的顺序，教育也要服从这个顺序；一是要适应人的自然本性，遵循人的年龄特点。因此夸美纽斯主张教育应从易到难，从近到远，从简单到复杂，从具体到抽象。品德教育应以贤明、节制、勇敢和公正为基本德行。儿童获得这些品行要进行实践，教师和成人要为儿童做良好榜样，安排合理的生活使儿童无暇去违德。

五、建立和谐师生关系的原则

教师与学生之间和谐师生关系的建立，教师是关键要素，教师需要遵循一定的工作原则，讲求工作的艺术性，才能够实现此目标。

（一）目标趋同原则

目标决定着人的行为方向，构建和谐的师生关系，最重要的是要处理好教师工作目标与学生发展目标之间的相互关系。目标趋同原则，就是要求教师的工作目标和学生的发展目标须与学校教育的整体目标在总的方向上一致或趋同，都要以实现教育目标为重，要以学校教育要求为最终结果，不断修正师生双方目标。只有这样，师生才能互相合作，团结一致，共同努力，去争取实现共同的目标。

（二）尊重信任原则

教师在美育过程中，要从尊重学生、热爱学生、理解学生和信任学生出发，向学生提出美育要求，使美育要求容易为学生所理解和接受，变成他们的自觉行动。教师只有尊重学生、热爱学生、理解学生、信任学生，学生才会尊重教师、亲近教师，愿意接受教师的帮助和指导，从而形成融洽的师生关系。

（三）心理相容原则

所谓心理相容，是指师生相互吸引、和谐相处、相互尊重、相互信任和相互支持。教师和学生的心理相容度高，师生关系表现更佳的良好状态，德育内容和要求就容易被学生接纳和吸收；心理相容度低，师生关系就容易处在紧张状态中，学生对教师的德育工作易产生抵触情绪和不合作的态度。在德育过程中，师生之间是否心理相容，对整个德育活动过程影响很大，决定着德育效果。心理相容作为师生关系的心理基础和德育活动的心理氛围，为师生关系达到和谐、融洽创造了条件，在此情景下师生可以充分发表自己的见解而不必有所顾虑，人人心情舒畅，从而提高德育效果。

（四）智能互补原则

所谓智能互补，就是指在师生群体内，由于所担负的角色不同，因而需要担任不同工作的人员相互合作、互为补充。智能互补的主要内容包括知识水平互补、思维类型互补、能力专长互补、知识构成互补等。美育活动是一种极其复杂的智力活动，针对教师个体来说，构成智力的各要素和创新能力的发展往往是不均衡的。教师要善于发挥学生的长处，调动学生的积极性，充分发挥每一名学生的智力和才能，形成一个最佳的互动和互补的师生结构，才能有效地提高师生之间的和谐关系。

六、学校网络美育管理的原则

学校美育管理网络载体的运用就是要针对学生的网络文化特点，在对传统教育载体运用继承和创新的基础上，以网络技术为平台，综合运用社会学、教育学、心理学、美学、伦理学、管理学、系统论、方法论等学科的知识和方法，系统构建适应对象广泛、各种载体互补、应用效果明显、保障机制有力的网络载体运行体系。学校美育管理网络载体的运用必须坚持以下原则：

（一）适合性原则

学校美育工作的实质是人的工作，人的个体实际和层次性决定了美育工作方法的差异性。同时由于教育内容的差异性，决定了其实现形式的差异性。这就要求构建美育管理工作方法体系时要根据不同内容、不同对象群体，选择不同方法，使得网络美育管理工作方法体系能够在一定程度上满足不同个体和具体情境的需要，达到方法与对象和环境的高度匹配。

（二）开放性原则

任何一个方法体系都不能永恒地解决一切问题。新形势变化万千，新问题层出不穷，针对这一事实就要求网络美育管理工作方法体系是一个开放的体系，使每个美育工作者都能积极参与其中，以与时俱进的精神状态，大胆创新，不断充实和完善这个体系。只有这样，我们才能以积极的心态应对学校美育工作，把握学校网络美育管理工作的特点和规律，积极推进学校网络美育管理工作。

（三）监督与引导相结合的原则

学校网络美育工作的媒介就是网络。各种信息泥沙俱下，成为学校网络德育工作的新环境的特点之一。监督和引导成为学校网络美育工作的两个重要方面。加强对网络的有效监督，运用多种手段，抵制网络"黑客"和各种有害信息的侵害，保证网络信息的健康、正确，符合社会主义文化原则。"引导"是指加强正面信息的宣传，坚持用社会主义核心价值体系占领学校网络文化阵地，帮助广大师生坚定对马克思主义的信仰，坚定对社会主义的信念，增强对改革开放和现代化建设的信心，增强对党和政府的信任。构建网络美育管理工作的方法体系时就要加强监督与引导的作用，这也是学校网络美育管理工作方法体系的新特点。

（四）坚持教育与服务相结合的原则

学校网络美育工作的新特点之一就是受教育者的网上学习具有自主选择性的

特点，接受与否，最终要由受教育者自己来取舍。显然，传统的说教在网络媒介上就有一定的欠缺，因此学校网络美育工作，必须使教育与服务相结合，寓教育于服务之中。

（五）"网上"与"网下"相结合的原则

网络具有互动性，学校美育工作者只有主动地走进网络世界，积极参与网上活动，才能及时准确地了解学生的真实思想，并有针对性地做好工作。但网上功夫在网下，虚拟空间的问题归根结底是现实世界的折射。我们的学校美育工作有着优良的传统，积累了很多好经验、好方法，现实生活中更有着丰富的教育资源，我们在构建学校网络美育管理工作体系时，应该注重网上网下联动、全时空关注、全过程覆盖的学校美育新格局。

七、促进学生全面发展的原则

儿童美育促进全面发展的功能表现在促进儿童心理、生理的完善与协调上。美育既具有心理因素，也具有生理因素。儿童参与审美实践活动，在抒发个人情感，使自我被忽视被压抑的情感欲望得到宣泄的同时，心理的平衡带来了生理的愉快，生理的愉快又使心理产生愉悦。美感总是伴随着一定的快感而产生的，它往往以快感为基础。在音乐、舞蹈、绘画等具体的美育实践过程中，儿童的身、心的协调能力得以提高。舞蹈能促进四肢灵活发展，促进人体的完美，绘画能改善运动神经和运动肌的机能，提高视觉的灵活敏锐性，自然也就提高了创造美、欣赏美的能力。音乐中的体态律动同样使得情感的语言与肢体的语言得以协调一致地发展。其实，从根本上讲，完善的、审美的人应该是身、心两者都健康、自由、和谐发展的人。

第二节　纯美教育过程的分析

现代社会条件下的学校美育实施，与传统的美育过程相比，无论是从形式上还是内容上看，均有了比较大的变化。特别是进入新媒体时代，新媒体时代所具有的开放性、平等性与双向和多向互动特点，使现代学校美育打破了过去的时间与空间上的限制，"全方位"美育、"全过程"美育、"全员参与"美育无论是从时间上还是空间上都比过去有了更大的可能性，并具有更为复杂的特点。现代美育不再是一种孤立的现象，也不再是一个单纯的封闭的活动，而是一个历史的、发展的、开放的结果，是其普遍本质在新的历史条件下的全面展开。因此，现代美育过程也包含着美育过程的一般本质规定。正因为如此，要认识现代美育过程，我们还必须从美育过程的一般性质出发。

一、美育过程研究的对象、任务和意义

美育过程是审美心理结构的建立过程，也是寓教于乐的过程，因此，对美育过程进行研究是美育研究的重要内容。但是，在学习美育原理的过程中，在探讨了"美育"的概念，认识了美育的一般本质之后，学生们往往感到很难区别"美育"和"美育过程"的概念，搞不清美育过程的理论究竟要解决什么问题。由此，需要进行简要的说明与解释。

（一）美育过程理论研究的对象

一种理论研究的性质与其对象是密切相关的。在美育原理中，对美育过程研究，与其他方面研究的不同之处，也就是在于研究对象的差异，所以，搞清美育过程研究的性质，也就是搞清美育过程研究的对象是什么。在教育实践中，人们往往很难说清楚"美育"与"美育过程"这两个概念所反映的事物究竟有何不同。这是源于在人们的观念中，这两者往往被视为同一事物，故而疏于做出深入的阐述和精确的区分。

事实上，"美育"与"美育过程"这两个概念确实联系紧密，但又存在着区别。这两个概念中都有"美育"一词，表明两者所反映的事物确实是同一事物，两者的差异就在"过程"二字上。这两者实际反映出的一是静态的抽象意义上的理解，一是动态的实践层面上的操作。当我们在运用"美育"概念探讨美育的本质规定时，我们是从事物的静态方面来进行研究的，所着眼的不是时间的、发展的，而是在观念上的高度的抽象。而我们在运用"美育过程"概念探讨美育时，

则是动态的研究，着眼的是其发展。这不仅是观念上的探讨，还是把美育视为客观的实际运动着的事物。美育是一种客观存在的现象，我们探讨它的根本目的，在于指导实践，因此，把握它的客观运动过程，就显得十分重要。美育过程理论的研究对象就是美育的客观运动过程或者说就是探讨学校美育活动的具体展开的环节以及基本特点与规律。

（二）美育过程理论研究的任务

美育过程理论研究的基本任务就是揭示美育过程的本质、特点及其基本规律。需要注意的是：美育过程理论研究旨在揭示美育活动内在的客观规律，而美育过程是一种社会活动过程，其规律属于社会规律范畴。这也是美育过程与其他活动过程相区别的重要特点。社会规律与自然规律都是客观的，但又有所不同，不但运动的方式有所不同，而且揭示的方式也有所不同。自然规律是纯粹的宇宙运动规律，而社会规律则是具有主观意志的人的活动规律。自然规律可通过实验发现，而社会规律则具有两重性，既可以通过实验得以发现，又不可能完全以实验的方式发现和把握，甚至在一定程度上具有一定的不确定性。

（三）美育过程理论研究的意义

要正确而有效地实施美育就必须遵循美育的规律。美育过程作为人们实际美育活动的展开，不仅由发现的规律支配着它的运动，而且，美育过程作为一个伴随人类社会、人类的教育活动发展的过程，又在不断地提出新问题，这又要求我们去发现支配美育活动展开的新的规律，特别是在现代新的形势下，学校美育过程无论是从形式上还是内容上都有了前所未有的改变，学校美育过程的展开也从单纯的校园美育、课程美育发展到了社区美育与网络美育，这些都需要深入的研究，这也是美育过程研究的实践意义所在。美育过程研究在理论上也有十分重要的意义。一方面，对其进行研究可以丰富现代美育理论研究；另一方面它可以为正确地实施现代美育提供较为科学的理论依据。美育过程理论是美育理论中的基础理论，它是制定美育原则、确定美育内容、选择美育方法、组织美育活动的理论依据。要正确地开展现代美育活动，不能不掌握现代美育过程的理论。

二、美育过程的一般性质及基本规律

美育过程有着自己的特殊性质，其展开与运行也有着相对稳定的基本特点与规律，对这些特点与规律的把握能够一定程度决定着它是否能够科学、有效地展开。

（一）美育过程界说

对美育过程的探讨通常是从概念、本质以及内涵的解读开始，这是分析美育过程的基础，除此之外，还包括美育过程的各种要素及其相互关系、美育过程与其他教育过程中的相关过程的关系、美育过程中的基本矛盾与运行机制等。

1. 美育过程概念

美育过程概念具有抽象和具体两种属性。从宏观角度来看，它表示一事物在整个时空中的运行和展开，是一个总体过程，表现出开放性与无限性。从微观角度来看，它是指事物在局部时空中的运行与发展，是一系列具体的过程，表现出渐进性与阶段性。从两者的关系来看，宏观过程与微观过程是相互联系的，两者构成一对包容与体现的关系，即总体过程包含着各个具体的过程，每个具体过程的运行又使得总体过程最终得以体现。

2. 美育过程和思想品德形成过程的区别和联系

美育过程与思想品德形成过程是一对既相联系又相区别的概念。从某种意义上说，美育过程的最终归宿就是要使受教育者形成一定的思想品德，而就受教育者思想品德的形成过程而言，学校美育过程不是唯一的影响因素，还有家庭、社区、社会等环境影响因素，既有现实的、平面化的学校教育，同时也包括虚拟的、立体化的网络影响。美育过程的重要性在于它有最大的可能按预定的目的、受教育者思想品德形成规律并协调多方面的影响，促进其品德发展。美育过程与思想品德形成过程实质是教育活动与素质发展的关系。

将美育过程与思想品德形成过程相区分，并不是要把两者根本割裂开来。美育过程是教育者与受教育者双方的，也是双向的活动，但受教育者思想品德的形成并不完全受学校美育的制约。如前所述，受教育者思想品德形成，还要受到多种环境因素的影响。受教育者的思想品德形成过程，实际上受着两种影响：一是学校美育影响，一是校外环境影响。就广义的环境而言，学校美育也是环境的一部分，但是为了探讨美育规律，有必要把学校美育影响以及学校美育之外的环境影响区别开来，而有无明确的目的性是区别学校美育影响和校外环境影响的根本标志。美育过程有明确的目的，因而是自觉的影响过程；环境影响无明确目的，是自发的影响过程。一般说，美育影响对促进思想品德形成的作用是积极的，当然不排除也可能有消极影响。环境影响则具有两面性，既有积极的，也有消极的。德育影响过程是有意识组织起来的，是可控的、正式的影响。环境影响因素极其广泛，而美育影响因素相对而言，则不那么广泛。美育的根本目的就在于促进受教育者良好思想品德的形成，而对于美育之外影响学生思想品德发展因素的认识，使教育者有可能努力把美育影响之外的因素置于控制之下。

（二）美育过程的本质

美育过程是教育者、受教育者共同参与的，旨在促进受教育者个体美德发展的社会过程，实质上是一种思想、政治、道德的社会传递和社会继承过程。人类的思想、政治、道德作为精神财富，从一个社会到另一个社会保存、积累、丰富和发展，正是由于这种社会传递与社会继承，其中包括创立并形成新的思想、道德的范畴、原则、规范。美育过程的主要任务是教育者有目的地指导受教育者学习、选择、接受既有的社会美育文化与传统，同时学会自主地创立新的思想、美育规范，提升自己的美育素养与品质。美育过程是个体思想品德社会化和社会思想道德个体化的统一过程。也就是说，美育过程是一种有目的的或有选择性的美育精神社会传递与个体美育精神体验相统一的过程。

（三）美育过程的结构

美育过程结构是指德育过程中各个要素或各个组成部分相互联系、相互作用的方式。美育过程有哪些基本要素，在长期的研究中存在着争议。通常情况之下，人们更多地从三个方面对美育过程的要素进行解释和说明，也就是"三要素说"。此说认为，美育过程中的教育者是指有目的地对受教育者施加影响的个人或团体，处于主体地位；受教育者指接受美育影响的个人或团体，既是美育的客体，又是主体；美育内容和方法是教育者用以影响、作用于受教育者的中介，是纯客体的东西。三个基本的要素在美育活动中形成相互联系、相互制约的关系，从而形成美育过程内部矛盾运动。在德育过程结构诸要素中，教育者与受教育者是最基本的要素，它们之间相互联系、相互作用，共同推动着美育活动的进行与展开。在现代美育过程中，教育者与受教育者均是美育过程中的活动主体，他们之间构成互为主客体的双向动态关系，离开了教育者与受教育者的相互作用，就无法构成美育活动。美育内容则是教育者与受教育者共同作用的对象，是将教育者与受教育者联结起来的中介因素。正是有了教育者、受教育者、美育内容这三个基本要素，最基本的美育活动才能开展。也正是有了这三个基本要素及其相互作用，人们才能够解决使用何种美育方法、美育手段、美育组织形式等问题。应该说，教育者与受教育者、美育内容只是美育过程中的基本要素，从广义的过程来看，美育过程还应有诸多要素，这些要素共同构成了美育过程这一整体，并在基本要素的基础之上形成协调一致的活动，各种要素之间是否能够协调运行，则成为学校美育过程能否科学、有效展开的重要基础。

（四）美育过程的基本矛盾

美育过程存在多种规律与矛盾，正是这些规律与矛盾推动着美育过程的运行与发展。

1. 美育过程的一般规律

前面我们指出，美育过程研究的任务是揭示美育过程的本质和美育的规律。那么，我们在探讨了美育过程诸方面的一般性质之后，我们还应进一步探讨美育过程的基本规律。美育过程的运动、发展、变化是有规律的，这些规律是教育基本规律在学校美育过程中的具体体现与反映。认识和掌握这些规律，并按照这些规律设计、组织开展和管理美育活动，是提高学校美育实效性的根本保证。列宁说："规律就是关系……本质的关系或本质之间的关系。"[1] 按此理解美育过程中的规律便是美育过程内在的、本质的、必然的关系或联系。美育过程存在的关系很多，诸如师生关系、生生关系、师师关系，等等。在这些关系中，有些是本质的、必然的，有些是非本质的、非必然的；有些是基本的，有些是非基本的；有些关系贯穿于整个美育过程的各个阶段、各个方面。如何找到最基本的、本质的关系是美育过程研究理论中的一个重要问题。关于美育过程的规律问题，在过

[1] 黑格尔逻辑学一书摘要 [A].《列宁全集（第38卷）》[M]. 第101页。

去的研究中，人们常常从教育过程的角度进行研究，应该说，具有一定的参考价值，但是，还不能明确学校美育过程的特殊性规律，因而有必要对其进行专门的研究。

2. 美育过程的基本矛盾

美育过程的基本规律究竟有哪些，人们进行了不同的研究，提出了多种规律，我们在此探讨的是美育过程中最根本的规律，并以此探讨美育过程的具体展开。我们认为：美育过程的基本规律是教育者在美育过程中代表社会所提出的思想品德要求与受教育者现有思想品德发展现状之间的矛盾运动。美育过程中存在着诸种矛盾。这些矛盾至少可有三个层次：第一层次是美育过程与外部环境影响的矛盾；第二层次是美育过程内部的矛盾；第三层次是美育过程中主体（教育者、受教育者）自身的矛盾。在美育过程所涉及的各种矛盾关系中，规定美育过程性质的，应当是美育过程的内部矛盾，但是这些内部矛盾也是复杂的，因为它们是美育过程各要素形成的。这些矛盾有教育者与受教育者之间的矛盾，教育者与美育内容、美育方法之间的矛盾，受教育者与美育内容、方法之间的矛盾，等等。在这些矛盾中，教育者与受教育者之间的矛盾是主要的矛盾。这两者之间的矛盾主要表现为教育者代表社会所提出的美育要求与受教育者思想品德现有发展状况的差距之间的矛盾。

这一矛盾既是美育这一实践活动存在的条件，解决两者之间的矛盾也是美育实践的目的之所在。同时，也正是这一对矛盾关系，决定着美育过程区别于其他各育过程，也决定着美育过程内部其他矛盾的解决。也就是说，解决教育者与美育内容、美育方法之间的矛盾等，都是为了解决施教与受教之间的矛盾。

假如受教者没有形成发展自身道德的愿望，受教者对施教者的活动根本不做出反应，那么也就不会有两者之间的矛盾，没有受教者在美育活动影响下的道德发展，这样美育过程就与思想品德发展过程联系起来了。美育过程与这一过程中思想品德形成发展的关系，就在于美育过程的矛盾需通过受教育者自身的思想品德发展矛盾起作用，而受教育者的内部矛盾又是在教育活动的作用下形成的，并不是自发形成的。

三、现代美育过程的实施

美育过程是指美育活动开展、实践的过程，但并非具体地指某一个具体的美育开展过程，这些具体过程体现在各种专门的学校美育课程教学、团队活动、班主任工作以及其他学科课程教学等活动之中。尽管如此，我们能够从具体的美育过程中抽象体现出在美育过程中普遍的活动方式。这些普遍的共同的活动方式对于指导实际的具体的美育过程有着重要的意义。任何一种事物的发展过程总是阶段性与连续性的统一，美育过程也同样如此。事物发展过程的阶段性，体现为事物发展由各个环节组成，在美育过程中，同样包含着一些共同的环节。这些环节是美育过程共同具有的，也是现代美育过程得以开展的依据。关于美育过程的起点或者开端问题，人们的观点因研究的视角不同而有所差异，总的来看，对美育过程起点的描述大体上有两种情况：（1）以教育者的行动为起点；（2）以受教育者接受教育的开始为起点。美育过程不是受教育者自发的自我教育过程，因此，从系统观来看美育过程，教育者仍然是美育系统运作过程的主要策划者和控制者。美育过程的基本环节是指教育者与受教育者按事先科学安排的步骤，进行施教与受教的基本顺序和阶段，是整个美育过程展开与运行的一般时间模式。美育过程的基本环节包括如下几个部分：

（一）准备阶段

美育准备是指在美育过程展开与运行前期所做的各种预备工作，它是美育过程实施的前提和基础。具体包括以下几个方面：

1. 研究与领会中小学美育课程标准、教材及其他有关资料，了解美育对象的实际情况；

2. 设定并明确每一美育过程的具体目标；

3. 选择并确定美育过程实施的具体内容；

4. 设计教学方案，选择科学的施教方法与途径，特别是要科学利用网络平台对受教育者实施美育。

（二）实施阶段

这是美育过程的具体展开与运行阶段，其步骤如下：

1. 帮助学生做好心理准备。向受教育者提出道德要求，激发起学生进行道德学习的动机与激情，这是受教育者接受教育影响的前提。

2. 美育过程的具体展开。通过各种教学与实践活动帮助受教育者提高审美认识，形成审美需要，培养美育意志。

3. 指导受教育者进行自觉的美育实践，引导受教育者从美育认知到美育行为的转化，培养其作为美育主体的美德践行能力。

（三）评价阶段

这是整个美育过程中必不可少的反馈阶段，它是对美育过程进行综合调控的基础。美育评价的核心是美德评价，它包括对受教育者的审美认识、情感与行为等方面的评价。美育评价也包括对整个美育过程的各个步骤、措施、方法、形式等进行评价。

（四）综合调控

美育过程具有整体过程与局部过程相结合的鲜明特点。在美育过程的时间和空间的展开运行之中，如何实施各具体的局部过程，以保持其与总体过程在目标与方向上的协调一致，成为至关重要的环节。综合调控便是试图通过对各个局部美育过程实施所获得的结果进行认真的测评和分析，达到对既定设计和实施进行调整和控制，以更好地优化美育过程各结构之间的连接。

此外，对美育过程实施调控之所以必要，可能是因为美育过程的目标虽然经过科学周密的设计，但是，它毕竟是对过程在一定时空中展开与运行的预先假设，而这种假设是否、能否达到预期的目的，往往通过过程的实际操作结果而显示出来，对预期目标的调整和修正必须以这种客观的结果作为基础。美育过程的调控包括宏观的整体与微观的局部调控两个方面。

第三节　小学纯美教育的主要特征

美育是党的教育方针的重要组成部分。学校美育工作是立德树人、培根铸魂的事业。党的十八大以来，以习近平同志为核心的党中央高度重视学校美育工作，把学校美育工作摆在更加突出位置，做出一系列重大决策部署。

一、理念的时代性

2013 年党的十八届三中全会提出"改进美育教学，提高学生审美和人文素养"；2015 年国务院办公厅印发《关于全面加强和改进学校美育工作的意见》；2018 年 8 月习近平总书记给中央美院八位老教授回信；2018 年 9 月习近平总书记在全国教育大会上对美育工作做出重要指示；2019 年 3 月全国"两会"期间，习近平总书记看望文艺界社科界委员时，对文化文艺工作又提出明确要求；2020 年 9 月 22 日，习近平总书记在教育文化卫生体育领域专家代表座谈会上，再次强调加强和改进学校美育。学校美育必须坚持以习近平新时代中国特色社会主义思想为指导，提升思想自觉、政治自觉、行动自觉，与党中央国务院的要求同向同行，与推进素质教育的要求同向同行，与学生全面发展的迫切要求同向同行。中共中央办公厅、国务院办公厅印发了《关于全面加强和改进新时代学校美育工作的意见》明确要求以立德树人为根本，以社会主义核心价值观为引领，以提高学生审美和人文素养为目标，弘扬中华美育精神，以美育人、以美化人、以美培元，把美育纳入学校人才培养全过程，贯穿学校教育各阶段。

二、目标的素养性

凸显艺术学科价值与特点，明确美育课程要培养的核心素养，注重正确价值观、必备品格和关键能力等多维育人目标的整合，与立德树人的总体要求有效对接，明确学校美育课程的目标。以习近平新时代中国特色社会主义思想统领学校美育改革发展。对标习近平总书记重要讲话和全国教育大会精神，从更高站位出发，对学校美育工作进行再认识、再深化、再设计、再推进，进一步强化学校美育育人功能，构建德、智、体、美、劳全面培养的教育体系。明确新时代学校美育为什么做、做什么、怎么做，进一步凸显美育的价值功能，进一步完善美育的系统设计，进一步拓展美育的实施路径，进一步强化美育的组织保障。党的十八大以来，学校美育实现了跨越式发展，取得了历史性成就。但总体上看，美育仍然是整个教育事业中的薄弱环节，学校美育在改革发展中表现出了三个不适应：学校美育与素质教育的要求还不相适应，与推进教育现代化的要求还不相适应，与全面实现小康社会和两个百年奋斗目标还不相适应。因此，需要找准突破口和落脚点，力争在课程教学、教师队伍、条件改善、评价机制等现有工作的基础上，提出进一步的改革举措。

三、内容的整体性

研究制定规范学校美育工作的法规，为推动学校美育发展提供法治保障。健全教育督导评价制度，完善国家义务教育美育质量监测。加强对地方制定实施学校美育的相关政策和计划的指导和支持。通过多种方式加强政策解读，及时宣传报道各地加强改进学校美育工作的具体措施、典型经验，凝聚共识，营造全社会共同促进学校美育发展的良好氛围。加强美育的渗透与融合，学校美育课程建设是重点，重视美育课程文化资源的开发。

1. 结合各学科特点，选择合适的切入点进行美育课程文化资源开发。如语文学科美育文化特点：一是理解与交流，以接受美学和建构主义为基础，通过阅读活动培养学生不同层次的理解与交流意识和能力，如学生—学生、学生—教师、学生—文本、教师—文本之间的理解与交流，强调每组关系中的互动，增强人际和谐交往；二是批判性思考，学生在理解与交流的基础上，对阅读文本质疑和开展探究性阅读能够形成自己的观点；三是审美体验，通过情感体验，激发个体的创造力和生命激情，促进身心的和谐发展，它包括感受语言文字的美、感悟作品中蕴涵的情感因素、促进个体审美能力的发展、促进个体的创造能力。

2. 开发校本美育课程，形成校园特色的美育课程文化。校本美育课程开发有利于弥补国家美育课程过于统一，不能照顾各个地方和学校差异性的缺陷。校本美育课程开发可充分发挥教师和学生的积极性、主动性、创新性，充分利用学校现有的各种美育课程资源，发挥学校的传统优势，形成校园特色美育课程文化。

3. 重视学校隐性美育课程文化研究和开发。隐性美育课程文化是学生在教育活动中无意接受并受其影响的知识经验、价值观念、道德规范，它与学校显性美育课程文化相比，更为复杂、丰富多样，并具有很大的不确定性。隐性美育课程文化对学生的身心发展也起着重要的影响，因此我们要重视教师的道德示范作用，加强学校的校风、人际关系、班级文化建设等，构建和谐校园，使学生生活在一个和谐生动的教育氛围中。

综上所述，美育课程作为学校教育的重要文化范式，尤其是它对于教育主体的精神生命的文化陶养作用不能不使我们进一步深入而具体地给予美育课程文化更加充分的认识，推动更有效的文化传承与创新。

四、实施的系统性

学段衔接，完善美育课程设置，强调学校美育课程要以艺术课程为主体，包括音乐、美术、书法、舞蹈、戏剧、戏曲、影视等课程，分学段有侧重地规划美育课程设置，相互呼应、有效配合，构建中小幼相互衔接的美育课程体系。教材贯通，加强美育教材体系建设，坚持马克思主义指导地位，扎根中国，融通中外，凸显中华美育精神，围绕课程目标，精选教学素材，丰富教学资源，加强大中小学美育教材一体化建设，实现主线贯穿，循序渐进。

一是强调要严格落实国家规定的美育课程开设刚性要求，在落实"开齐开足"这个底线要求的基础上逐步实现"上好"的目标，不断拓宽课程领域，逐步增加课时，丰富课程内容，提高美育教学质量。

二是构建以学生发展为中心的教学模式。逐步完善"艺术基础知识基本技能+艺术审美体验+艺术专项特长"的教学模式。强调在学生掌握必要基础知识和基本技能的基础上，着力提升核心素养，帮助学生形成艺术专项特长。

三是普及面向人人的美育实践活动。面向人人，建立常态化学生艺术展演机制，大力推广惠及全体学生的合唱、合奏、集体舞、课本剧、艺术实践工作坊和博物馆、非遗展示传习场所体验学习等实践活动。

四是推进美育评价改革。强调把中小学生学习音乐、美术、书法等艺术类课程以及参与学校组织的艺术实践活动情况纳入学业要求，全面实施中小学生艺术素质测评，探索将艺术类科目纳入中考改革试点。

五、路径的多维协创性

人脑是人类心理和智能活动的最主要的实体器官，它是完整的有机系统组织。现代脑科学研究成果表明，脑的左右两半球有明显的分工又互相密切配合。左半脑控制右侧肌体的感觉和运动，是处理语言、数理概念信息，进行抽象思维和连续学习，分析性机能的中心，它是"数字脑"；右半脑控制着左侧肌体的感觉和运动，主要负担图形识别、音乐色彩感知、空间想象和接受其他非语言的信息，即侧重于视觉、听觉的形象思维的功能，它是"艺术脑"；在两个半脑之间，由两亿条神经纤维组成的胼胝体联结起来，使之息息相通，互相补充。很明显，传统的唯理智的教育，只是注意到了开发左半脑的功能，而右半脑功能的开发被忽视了，因而不利于儿童全面、协调的发展。

儿童美育就是要充分开发右半脑的功能，并补偿左半脑的功能，使形象思维和抽象思维有机结合，使大脑左右半球得到平衡、协调的发展。审美感觉的培养，使得儿童固有的天性得以及时发展，形成心灵的丰富性、敏感性。感觉的敏锐化、审美化不但能促进智力的发展，而且使充满理性内容的智育活动具备了感性因素，达到了感性与理性的融合与平衡。儿童对美好的事物、美好的未来有无限的向往，它反映了儿童通过自由创造来实现并满足自我内在要求，使自己向更高层次跃进的性质。儿童的想象是自发的、旺盛的。儿童美育通过对儿童审美想象力的培养、提高，高扬其创造世界、改造世界，使其向更理想的境界前进的主体意识，而这又和儿童智育着重于知识的探求，认识、改造世界能力的提高相一致。换句话说，没有想象、没有对未来的美好憧憬，就不可能有对知识的渴求和对科学的探究；反之，没有科学、理智的影响、规范，想象就只能是胡思乱想，情感也是浅薄的。因此审美想象力和智力的培养不仅能促进左右大脑的平衡发展，而且彼此融合，互相补充，互相促进。

最后，必须指出作为审美核心因素的情感的培养与发展，在保证儿童平衡协调发展上起着突出的作用。智力内容虽然是偏重于抽象思辨的，科学知识本身也并不存在着情感因素，但是人特别是儿童毕竟是情感丰富的个体，只有情感才使儿童充满内在活力。只有审美的情感冲动，才能使儿童以积极、主动、创造的心态投入学习过程当中，以达到身与心、知与情的协调发展。个性被压抑，心灵、情感枯竭的学生，也很难在德、智、体等方面有所发展。即使认识能力有所提高，也并不意味着他是作为一个活生生的个体存在，在体现人的尊严与价值方面有所提高，因此，儿童美育必须高扬人本主义旗帜，把解放和升华儿童的情感作为自己的重要任务，把情感的培养和智力的提高有机地结合起来，使学生在感性与理性、情感与智力方面都得到平衡协调的发展，成为完整的生命个体。

六、育人的深刻性

儿童美育是素质教育的重要组成部分。教育的历史在我国源远流长，但传统教育从理论到实践存在着一个致命的误区，即忽视受教育者作为有生命、有情感、有个性的独立的人的存在和需求，教育仅仅是把人按照某些外在的要求改造，加工成"物"的工具。人们接受教育，或是为了"跳跃龙门""金榜题名"，或是为了训练某种技能，求得谋生的手段。学校在某种程度上成了"加工场"，它按社会的规范、要求，批量加工、生产有一定规格的"产品"。学生个人的情感、心灵被囚禁，活泼、创造的天性被扼杀，"望子成龙""望女成凤"的结果反使得"人"的地位下降。

人本主义心理学家提出发展自我是教育的重要任务，认为学校要将美育教育的理念与实践融入各科教学活动中，在潜移默化中，使学生养成健全人格，从情感的领域来培养美育的观念和行为。

纯美教育主要是为了培养独立自主、慎谋能断、重视人类价值和尊严的人。人本主义发展出来的治疗原则或称教育原则对道德情感的促进有着重要的意义。

（一）真诚和坦诚

即人的真实的需要和情感不被误解。如果教师—学生之间的关系是掩盖教师和学生的真情实感的一种表面现象，那么就不可能促进知识的自我意识和他人意识的形成。一个教师给学生做出的最好的榜样就是他在形成和表达自己在决策时所体现出来的坦诚。

（二）接受和信任

教师和学习者形成良好的交流的特征就是接受和信任，罗杰斯称为"诊视的学习者"。教师必须尊重学生的完整性，只有这样才能接受他们的思想和情感，学生才可能与教师分享他们的思想和情感。双方的信任是交流的保证，学生不会因为教师的权威而觉得害怕，教师也不必认为学生的提问是对自己知识的挑战。

（三）移情性理解

这是一种根据学生的观点来解释世界的态度。这种态度和常见的评价性理解极不相同，移情性理解是非判断性的，它是一种与理智洞察力一样的感受和直觉体验。有时候学生的考虑在教师看来是肤浅和不成熟的，但这对于他们自己而言已经足够了。移情性理解给成人的世界和年轻人的世界之间架构了一座桥梁。如果在一个团体中发展出这些关系，人们就可以感觉到一种全新的课堂气氛。在这种真诚和坦率的气氛下，学生将更能清楚地表达他自己的观点和决策。

（四）主动倾听

特别是学生从事道德问题的讨论时，真实的感受会表达出来。主动倾听是鼓励和利用这种情况的重要手段，是一种对正在被表达出来的感受做出反馈，以便使说话者觉得你有理解其感受的能力，并不一定意味着你要对他的陈述接受或者反驳，而是表明你认可这个人及其感受的存在。我们不否认，教育是有其一定的工具性，教育也不能没有一定的外在规范，但我们更应该关注人的整体素质的提高和完善，关注人的情感需求、个性解放与升华的愿望，一句话，关注人，使人本身得以完善应该是教育的终极目标。教育应该是人的素质的教育。儿童美育恰以它对人特有的关注，以它审美升华的特有功能，成为素质教育的重要组成部分。

儿童是有个性的、有情感的，他跨入学校，接受教育的目的并不只是获取知识、提高技能，更不是以个性、情感的压抑为代价来换取知识技能，从根本上讲，知识、技能只具有某种外在的因素，最本质的还应是个性的全面发展，情感的全面解放和升华。

第七章　小学纯美教育的内容建构与实施策略

　　美育作为全面发展教育的组成部分，对于按照美的规律来塑造人，成为全面发展的社会主义建设者和接班人具有十分重要的意义。美育是通过美来进行教育的，人在社会实践活动中按照对自己有用的方式改造自然，也就是按照美的规律来改造自然、改造社会，当然也包括改造自己。人是通过社会实践将外部世界与自己的需要结合起来，与外部形成紧密关系，并通过社会实践改造着外部世界的某些属性和面貌，使之打上人的意志和主观理念的印记。如果人在面对外部世界时确证自己的本质力量，人就会获得审美的愉悦体验，人与外部世界就形成相对的审美关系。认识关系、实用关系、审美关系在人的社会实践基础上统一为真、善、美的价值标示，真、善、美都是人的本性，是人区别于其他一切动物的根本表现，而审美价值则是主体追求的最高价值。美育不仅是人类社会发展的需要，也是个人美化和提高自身，不断适应社会和追求自我实现，个人不断发展的需要。美育是侧重于情感交流，表现美、创造美并且是自我创造的教育过程。在全面发展教育中，以美育德、以美启智、以美强体、以美育美、以美促劳，美育与德育、智育、体育和劳动相互联系、相互渗透，又具有德、智、体、劳等各育不可替代的独特地位。美育因为侧重于情绪情感的特点不需要采取有约束力的、强制性的措施，也不需要采取说教、伦理的方式，不同于多数宣传教育那样运用论理的、说服的方式，而是寓教于美，通过美唤起情感的共鸣，通过美的熏陶，获得知识，受到教育，实现需要的满足与精神的享受。美育通过促进人的发展，把人类长期积累的审美知识经验和美的成果不断传承，并推陈出新，促进人类社会的发展进步。

　　社会主义美育肩负着培养社会主义建设者和接班人的重任，最终目的是为实现人类的最高理想。人类改造自然、改造社会包含了人类对美的想象和追求，激励和推动人类改造世界的创造性活动。自然界美的属性在人类产生前就已经客观存在，人类在意识到这些客观属性以后，这些美的属性就具有了美的现实意义，成为激发人生快感和精神愉悦的重要来源，并陶冶人的情操，美化人的心灵。巍峨的山峦、艳丽的红日、灿烂的朝霞、浩荡的江河、绚丽的花朵等让人目不暇接，为之陶醉。人们在劳动之余或疲劳之时，首先想到的是到大自然美景中去寻求放松，消除疲劳，获得身心愉悦。如雄伟的峨眉山、妩媚的西湖、幽雅的青城等壮丽山水都让人如醉如痴，其实中国大好河山美景到处都是，从城市到山村，一山一水，一丘一壑，甚至不加修饰也能成为令人流连忘返的风景胜地。自然美不仅能使人生理上感到舒适，精神上感到愉悦，也可使人的精神得到升华。

社会生产生活中的人际交往、生产劳动、生活环境、劳动成果以及关于人的人格、服饰、品行、语言等，都能使人产生美感，受到感染和鼓舞，具有强大的陶冶人的情操、美化人的心灵教育作用；战场上保家卫国的浴血奋战，见义勇为、英勇搏斗的献身精神，使人学会分辨了真、善、美与假、恶、丑；同志间的钢铁友谊、亲属邻里的和睦相处、爱人情侣间互敬互爱、同窗同学间的互帮互助，使人在日常的社会生活与工作中受到人情美、人格美的感染。艺术作品来源于现实但又高于现实，比现实生活更高、更典型、更抽象和更理想化，是现实美的属性的最完善、最理想的体现，用艺术作品或用艺术成果实施美育，则更能陶冶人的性情，美化人的心灵。一首诗歌所表达的情感先天就带有一些高贵、优美、温和、柔情、忧郁、优雅的元素，一首阿炳的《二泉映月》马上可以把人带入与命运的抗争、绝望的悲哀、痛彻心扉的痛苦。

纯就是纯真、纯正、纯雅，美就是美好。纯美教育就是从儿童出发，充分唤醒儿童成长的自我意识和发展潜能，为儿童浸润浪漫有品位的生活，引导儿童更有尊严、更美好地成长，让儿童拥有纯美童年的教育。"纯"本身就是一种美，它同时又是对学校美育品质的要求，即我们的纯美教育是坚定不移地、毫无他求的美育。根据人的全面发展理论、关于美本质的探讨，纯美教育建立自己独特的小学大美育内容体系。

第一节　小学纯美教育的内容建构

一、国家课程校本化实施的小学纯美教育内容体系

通过国家课程美育校本化实施，学校进一步明确了办学理念，这对于形成独特的学校文化，走一条基于学校现实的特色化道路具有重要的现实意义，可以采取包括大力提升教师的审美素养、加强教学内容的审美挖掘、优化教学过程的审美设计、美化教学的各种手段、培养学生的审美能力、全面营造教学审美场景、促进教学评价审美化、师生共同欣赏教学美等美育举措。纯美教育是在新的课程改革理念指导下，在课堂教学目标的确立、内容的编制以及教学方法、手段、模式等方面梳理课程改革的价值取向和努力方向，引导着课堂教学设计和实施的审美取向，即将美和审美看作课堂教学本身蕴含的内在属性，让课堂教学的各个环节充满美感以涵养师生的生命，将审美作为课堂教学的终极目标、最高境界和永恒追求。通过情境创设、设疑激趣，运用、培育、保护儿童好奇的心理品质，引导儿童乐问、善问、会问，引导儿童爱思、善思、会思，在开放性、生活化、游戏化的场景中，让学生生动活泼地学，从而深化对儿童特质的认识和保护。国家课程美育校本化实施构建的小学纯美教育内容体系可以分为纯美基础课程、纯美拓展课程和纯美辅助课程三个组成部分。

（一）纯美基础课程引导学生感受美、表现美

纯美基础课程包含学科课程和德育课程，是为学生继续学习提供基础知识与基本理论，培养学生基本能力与基本素质的课程，既包含培育学生学科基本素养和能力的学科课程，也包含提升学生基本品德修养的德育课程。纯美基础课程是在相关基础课程的功能价值基础上，以美为价值取向，充分开发各门课程中体现美的本质的元素，通过审美化的教学过程，重点培养学生感受美、表现美的能力。

1. 学科课程内容体系

学科课程虽然由国家统一开发和组织实施，但在校本化的过程中，依托"纯

美课堂"实现了与学校美育办学特色的有机融合。一方面，它更注重教学方法、教学手段的美：比如在教学过程中，注重课堂教学结构与环节的设计，做到起承转合的自然衔接之美；在教学活动中，通过情境的创设，达到师生活动的动静交替之美；在教学情境中，注重教师所呈现出来的三态美——语态美、神态美、体态美，让学生在潜移默化、润物无声的课堂教学过程中受到美的熏陶；在课堂师生交往中，通过关注师生情感的联系状态，达到师生的合作、和谐之美。另一方面，通过挖掘学科美育元素，探索学科美育的内容美，从形式美与情感美两个方面探索学科美育。

2. 德育课程内容体系

德育课程内容体系既包含了"认知型德育课程"，如道德与法治、生命生态安全、心理健康教育等，也包含了"体验型德育课程"，如少先队教育、班队活动、劳动教育、童心灿烂四季文化节，还包含了"浸润型德育课程"，如美育环境化课程。以"体验型德育课程"中的"童心灿烂四季文化节"为例，该课程通过开发大自然四季美育价值整合学校特色教育活动，围绕学生核心素养，培育学生"真""善""创""趣"的美的品质，以"春播、夏长、秋收、冬藏"的四季主题为活动内容，把学校的常规教育活动统一在其中，开展学校儿童文化活动，反映儿童的成长，引导学生主动融入生活、自然和社会。万物复苏的春季，科科娃在"寻美忆年味，追梦再出发"的"童心典礼"中回忆春节所富有的年味，开启新学期的篇章；在"舞动童心，乐美附小"的"校园艺术节"中，感悟舞台表演之美，提升艺术修养。骄阳似火的夏季，科科娃在闪耀着智慧之光的"校园科技节"中感受创新之美，在充满着"乐活童心，畅享童年"的"趣味游戏节"中享受着童年的欢声与笑语。果实累累的秋季，以"探索天府文化"为主题的"综合外出实践活动"，让学生走进成都周边古镇、博物馆、艺术馆，领略四川的国家非物质文化遗产川剧、蜀锦、蜀绣等，以此弘扬中华传统文化，让科科娃领略巴蜀文化之美。粉妆玉砌的冬季，科科娃在"传奥运精神，展多国风情"的"冬季运动会"中感受生命之美；在深入体验、精彩绝伦的"模拟法庭"活动中，感悟社会责任，提升社会意识。

（二）纯美拓展课程引导学生体验美、创造美

纯美拓展课程包括学科整合课程和潜能开发课程，侧重于培育学生的主体意识，完善学生的认知结构，提高学生自我规划和自主选择的能力，着眼于培养、激发和发展学生的兴趣爱好，开发学生潜能，促进学生个性发展和学校办学特色的形成，是一种体现不同基础要求、具有一定开放性的课程，重在培养学生体验美、创造美的能力。

1. 学科整合课程内容体系

学科整合课程内容体系以学生的核心素养发展为目标，从学生思维能力和创造能力培育的角度，有机地整合各类学科，形成新的美育素养课程，帮助学生完善知识体系，开阔视野，培养学生创新能力。包含儿童教育戏剧课程、儿童文学欣赏课程、国际理解教育课程和 STEAM 课程。

（1）"儿童教育戏剧课程"，此课程与儿童戏剧课程有着本质区别，它是站在审美的视角，以儿童戏剧为载体，践行社会主义核心价值观，学校编撰了校本教材和教师指导纲要——《美的旅行》。课程重点是在规定的戏剧情境中，陶冶和培养儿童的人文素养与审美情趣，让儿童体验人生百态，洞察人性善恶，从而认清自我，并进一步增强对世界本质的认识与理解。以"儿童教育戏剧课程"经典课例《青蛙谷》一课为例，课程通过引导学生感受青蛙谷原本的优美环境与被破坏后的凋败景象，让学生在角色扮演中去体会动物、植物生存环境的变化，激发学生的审美想象力和创造力，从而引导学生关爱生命、爱护环境，促进学生健全人格的形成。

（2）"儿童文学欣赏课程"，此课程与语文教育、国学教育结合，注重把儿童文学的美育功能与语文课程的"人文性"融合，追求"纯真、稚拙、欢愉、变幻、朴素"的儿童文学审美特征与雅、博、真、实的人文精神。学校编写了《儿童文学教育大纲》《儿童文学教育读本》（上、中、下）和儿童文学欣赏教师用书《小孩子的诗歌课堂》。依托本课程，科大实验附小的科科娃对于文学创作充满热情，学校已陆续为学生们汇编了两本作品集《一只爱飞的小鸟》《树是我的好朋友》。疫情期间，科科娃们纷纷通过童真的笔触致敬生活中最可爱的人，有的写道："以药品为矛，以仪器为盾，你们是战场中最勇敢的人，与病魔展开激烈斗争。"也有孩子写道："春晚看了一遍又一遍，有时我趴在窗前，静静地体会这特殊的年。这个春节，宅在家，当一块抗疫的'守城砖'，成了我最大的使命。"你看，儿童文学欣赏课程不仅让儿童可以欣赏经典，更能启迪儿童智慧，照亮儿童心灵，促使学生用文学的表达方式传递真情。

（3）"国际理解教育课程"，此课程立足民族文化，尊重多元文明，以儿童成长为根本，以文化理解为目标，以审美提升为期望。学校编写了《国际理解教育教学大纲》和学生教材《多彩的地球》（上、中、下），在每月一次的国际理解教育课程学习中，全校学生参与，通过对世界各国各民族语言、礼仪、服饰、美食、节日等文化的了解，增强国际交流对话，拓宽儿童的国际视野。同时，"国际理解教育活动月"更是成为科科娃们最为期待的活动之一，在近期的一次活动中，低年级学生围绕"世界风情服饰"开展主题活动，电子科技大学的留学生们穿着本国的特色服饰与科科娃们进行互动；中年级学生则以"世界美食我来做"作为主题，科科娃们讲美食、做美食、品美食，不同的美食文化在附小碰撞出绚丽的火花；高年级学生则开展了"世界景点我来说"活动，科科娃中的小留学生们、少数民族的孩子们、游览过知名景点的科科娃们经过前期准备，为大家带来了一场场别开生面的世界景点分享会。

（4）"STEAM 教育融合课程"，此课程以美育为基础，综合信息技术与科学、数学、艺术等相关内容，从学生的兴趣出发，基于真实问题，探索、发现、创造科技之美、创新之美。融合学生感性认识与理性认识，培养学生的求知欲、自信心、思维技巧、创意表达和解决问题的能力，发展学生的个性特长，提升学生的核心素养。学校的 STEAM 教育融合课程目前正处于开发阶段，将逐渐依托常态课、社团课、培训课、家长微课等形式全面开展。

2. 潜能开发课程内容体系

潜能开发课程内容体系着眼于学生的全面发展，以优质的美育课程抚慰学生心灵，唤醒学生潜能，关注学生成长，促进学生形成良好的个性和健全的人格，包含学生特长提升课程和学生审美情趣培育课程两个组成部分。

（1）学生特长提升课程

学生特长提升课程可依托学校精品社团实施，如"天娇儿童艺术团""创美少年科学院""尚美童心书画院""生肖联盟俱乐部"等，主要面向在艺术、体育、科学等方面有优势特长或发展潜能的学生，进行生命潜能开发，促进学生个性成长。"天娇儿童艺术团"，引导学生体验艺术实践过程，培养学生展示自我、提升自我的能力，促进学生学习能力、表达能力、演奏能力、歌唱能力和舞蹈能力的发展，提高学生艺术修养和综合素质；"创美少年科学院"，引导学生了解前沿的科学知识与技术知识，了解科学技术社会和环境的关系，促进学生学习能力、思维能力、实践能力和创新能力的发展，形成科学态度，探究科学之美，提升科学素养；"尚美童心书画院"，引导学生参与创新性美术活动，激发创意，运用各种媒介和媒体进行创作，表达情感和思想，提高学生的审美能力，形成对美术的持续兴趣，形成基本的美术素养；"生肖联盟俱乐部"，学生学习相关体育知识与技能，体验体育活动的过程，加强身体素质练习，促进学生身体的敏捷性、柔韧性、力量性的发展，发扬体育精神，形成积极进取、乐观开朗的生活态度。

（2）学生审美情趣培育课程

学生审美情趣培育课程内容丰富，包含以美育美的"艺术实践课程"、以美促劳的"生活实践课程"、以美健体的"体育实践课程"、以美启智的"科学实践课程"，课程面向全体学生，每学年的第一周学生和家长以网络选课的方式确定本年度要学习的课程内容，每周二下午学校用两节课的时间来开展课程学习。在小学六年时间里，每一名学生都需要保证学满上述课程，每项课程至少学完一门，以此来促进学生的全面发展。"艺术实践课程"，包含英语话剧、拉丁舞、艺术操、小主持人、儿童画、线描、电子琴、国画、软笔书法、硬笔书法、小诗人、课本剧、朗诵、少儿简笔画、原创绘本等课程；"生活实践课程"，包含炫彩扎染、剪纸手工、英语公共标语、少儿手工制作、折纸、十字绣、中国结、古风饰品制作、二十四节气、现代礼仪等课程；"体育实践课程"，包含足球、篮球、排球、乒乓球、田径、羽毛球、抖空竹等课程；"科学实践课程"，包含机器人、3D打印、Scratch趣味编程、电脑绘画、科技大爆炸、Steam等课程。在学校一楼的"一束光七彩梦"艺术馆，每隔一段时间就会开办展览会，学生们的原创绘本、书法、绘画、扎染、手工等作品在艺术馆内不同区域进行展示。每周的"童心小舞台"也为学生搭建了展示个性风采的平台，学生们可以组团向大队委申请开办演唱会、演奏会、小品、相声会等，然后自己制作宣传海报，邀请学生到场观看。每年的科技节上，学生们的科技小制作、科幻画、科技小论文能够吸引一大批参观的学生和家长。在学校组织的各项体育赛事中，我们也能看到科科娃们积极参与的身影。而这一切的基础都是来自"学生审美情趣培养课程"，学生们通过一到两年的时间学习自己感兴趣的课程，掌握各项技能，展示个性风采。

（三）纯美辅助课程引导学生理解美、欣赏美

纯美辅助课程包含"教师提升课程""家校共育课程""校区共融课程""校际共建课程""校企共享课程"等组成部分，侧重于通过提升教师专业素养，打通家校沟通渠道，整合区域优质资源，推动学校美育课程的实施，重在培育学生理解美和欣赏美的能力。

1. 教师提升课程

教师提升课程以全面提升教师的育美能力为目标，开发了丰厚教师教育生命的"专业阅读课程"，培育教师高雅气质的"礼仪形象课程"，涵养教师人文品性的"艺术熏陶课程"。（1）"专业阅读课程"，学校组建了青年教师沙龙队伍，开展了教师读书活动，开设了"育童讲堂"。通过科学管理促使全体教师有计划、有步骤地阅读教育教学著作，提升教师的师德修养、职业情感，开阔教师教育视野，丰厚教师教育生命。（2）"礼仪形象课程"，学校通过邀请高校专业讲师开展系列教师职业礼仪培训，设立教师风采展示周，评选年度"最美教师"，为实现"慧美"的教师发展目标奠定基础。（3）"艺术熏陶课程"，学校把教师的艺术素质提升纳入专业技能发展管理，引导教师欣赏高雅艺术（音乐会、画展、戏剧等），开设教师民乐学习、书画研习班，以此陶冶艺术情操，涵养人文品性。

2. 家校共育课程

家校共育课程充分挖掘、整合家长资源，通过"育童论坛""童心大舞台""美育微课"三大途径构建了系统化的家校共育课程，以达到悦人悦己、融美共育的目标。（1）"育童论坛"，是以"专家＋家长＋教师"的形式，立足家校共育、家庭教育中存在的问题，通过问题确立主题来邀请专家学者、知名校友、老师和家长等开设系列讲座，启动话题沙龙，讨论研究儿童家庭教育方法，重在以"论"得法。在实践中，我们已经开展了"学生生活习惯教育""学生学习习惯培养""学生品格教育专题研讨"等系列论坛、沙龙活动，得到了教师、家长的一致认可。（2）"童心大舞台"，是以"儿童＋家长"的形式，以班级为单位，展示儿童健康乐学灵动多彩成长的舞台，是家校情感联系的纽带。它从"民族文化""感恩励志""时空隧道""中华传统""校园生活""文明家风"等不同主题出发，多角度对全校师生进行思想品质、道德情操、情感态度

价值观的浸润和影响。（3）"美育微课"，是由学校"家长助教工作室"的志愿者负责，每学期由家长自愿报名，以社团微课、班级微课、年级微课和校级微课等形式开展，以实现学校的美育价值为出发点，不以知识点或技能的掌握为目的，而以"浸润、熏陶、体验、激趣"为策略，实现开阔学生视野、丰富学生情感、激发学生兴趣的目标。

3. 校区共融课程

校区共融课程一方面通过学校美育文化与社区文化相融，让"美"走进社区，从更广的社会环境中为学生创造良好的美育环境，发挥社区的育人价值。另一方面，则利用社区经常举办的各类活动，比如走进养老院探访老人、街道清洁大扫除、社区节日汇演等活动，为学生搭建生活实践平台，使学校与社区形成合力，持久有效地共享资源生态，以达到拓新育美的目标。

4. 校际共建课程

通过研究新高考所体现的教育观念的变革，通过整合、共享周边高校与中小学等学校办学资源，在中小学教育观念、课程创新上展开联动，满足学生发展需要，打造学校办学特色，体现新的人才观、课程观，适应新高考对小学课程建设的要求，以及对小学教育的目标与价值定位要求。

5. 校企共享课程

校企共享课程用"共享科技园"的理念，整合社区教育，把社区内的高科技企业的科技新产品、新技术，发展理念与文化，引入学校，用课程的思路，通过建设学校"共享科技园"的形式，让学生了解日新月异的科技发展，开阔学生眼界，丰富学生经验。

二、三位一体美育特色校本课程体系

校本课程是相对于国家课程和地方课程而言的，是指以某所学校为基地而开发的课程，学校和教师是课程开发和决策的主体。美育特色校本课程是指为了实现学校的教育价值观，实现学校的办学特色而开发的校本课程，是强调课程价值上的独特性、课程形式上的特色性、课程目标上的时代性、课程内容上的丰富性。

以美育对象和课程价值为标准，应整体、系统地设计学校美育特色课程。这种整体与系统，首先，要以学校特色课程理念的"四个明确"为引擎：明确了学校特色课程观，即儿童、知识和社会相统一；明确了学校特色课程价值，即课程要为学生自由发展提供可能；明确了学校特色的课程实现路径，即以美育美；明确了学校特色课程的学生发展目标：健康乐学、灵动多彩。其次，要以课程建构与实践的"四个策略"为驱动：一是国家课程的美育校本化实施策略；二是校本课程的美育特色化实施策略；三是"大美育观"视角关注审美素养形成的途径策略；四是形象性、情感性、愉悦性和实践性的教育教学策略。"四个明确"与"四个策略"从整体与系统的方向，奠定了学校美育特色课程的建构与实践的基础，为丰厚学生人文底蕴、提升学生审美素质、促进学生个性发展、培育学生发展必备的优良品格和关键的能力提供了课程可能。再次，以特色课程目标的设计为导向，围绕立德树人根本任务，按照国务院办公厅《关于全面加强和改进新时代学校美育工作的意见》和《中国学生发展核心素养》的内容，根据学校特色课程的教育价值取向，系统设计学校美育特色课程的目标，勾勒出学校美育特色课程的目标追求与价值取向，为学生审美素养的形成、学校"以美育美"办学特色的实现指明了方向。因此，可将美育特色校本课程体系构建为三位一体的美育特色课程，包括儿童美育成长课程、教师美育提升课程和家校美育共享课程。

（一）儿童美育成长课程

儿童美育成长课程包括儿童文学启蒙课程、儿童艺术实践课程、儿童生活活动课程、儿童道德体验课程、国际理解教育课程、儿童教育戏剧课程等六类课程内容。（详见本书P033—P037）

（二）教师美育提升课程（详见本书P037—P038）

（三）家校美育共享课程

家校美育共享课程的目标为"建设和谐家校关系，探索高效共育方法。"主要以"育童论坛""童心大舞台"和"美育微课"等方式实施。

1. 育童论坛

育童论坛是"专家＋家长＋教师"关于实现学校"儿童第一"办学思想与发展目标，以案例方式，讨论研究儿童家庭教育方法的阵地。育童论坛立足家校共育、家庭教育中存在的问题，通过问题确立主题来邀请专家学者、知名校友、老师和家长等开设系列讲座，启动话题沙龙，并将讲座、沙龙理论同教育实践相结合，引导家长和老师在家校共育活动中践行理论。例如：我们开展了"学生生活习惯教育""学生学习习惯培养""学生品格教育专题研讨"等系列论坛、沙龙活动。

2. 育童讲堂

育童讲堂是以"专家＋教师"的方式，以学生在校生活的故事形式，剖析家庭教育的基本理念、方法。学校老师将专家讲座等理论学习同家校合作共育的实践相结合，在实践中提升家校和谐共育的能力。

3. 童心大舞台

童心大舞台是以"儿童＋家长"的形式，以班为单位，展示儿童健康乐学灵动多彩成长的舞台，是家校情感联系的纽带。同时童心大舞台展示平台的搭建，促进儿童对艺术美的欣赏和创造能力的提升。童心大舞台从"民族文化""感恩励志""时空隧道""中华传统""校园生活""文明家风"等不同主题，从自然美、生活美、社会美、艺术美等角度对全校师生进行思想品质、道德情操、情感态度价值观的浸润和影响。

4. 美育微课

美育微课由学校"家长助教工作室"的志愿者负责，以实现学校的美育价值为出发点，不以知识点或技能的掌握为目的，而以"浸润、熏陶、体验、激趣"为策略，实现开阔学生视野、丰富学生情感、激发学生兴趣的目标。美育微课程的开设，改变了传统的家校共育方式，让家长真正参与到了学校课程建设中，丰富了学校课程资源，为学生审美素养的提升提供了极大的帮助。美育微课是每学期由家长志愿报名，学校德育处和教导处审核，家长助教工作室组织和课堂协助，以社团微课、班级微课、年级微课和校级微课等形式开展。

三、"五育"融合的小学纯美教育课程体系

小学纯美教育课程体系的建构基于儿童发展，以德、智、体、美、劳五育的校本化——善、慧、健、艺、勤为内容，以国家课程美育校本化和校本课程美育特色化方式实施，从"五育"融合角度可将小学纯美教育课程体系构建为尚善育美课程、明慧育美课程、茁健育美课程、蕴艺创美课程、勤俭育美课程等五个课

程组成部分。

（一）尚善育美课程

古希腊哲学家苏格拉底认为美就是善，美德就是善。在尚善育美课程中，我们坚持以美为价值取向，崇尚培养学生善心和善行，以立德树人作为课程教育的根本任务。在语文、英语、道德与法治、生命生态安全等学科课程中，我们除了培养学生基本的学科知识与能力，更加注重培养学生爱国主义、集体主义、社会主义思想道德和健康的审美情趣，引导学生尊重、善待周围的人、事、物，尊重文化的多样性，提高学生的道德修养。在童心灿烂四季美育文化节、少先队教育等活动课程中，学校通过挖掘大自然四季和少先队活动中的美育价值，开展学校特色教育活动。

（二）明慧育美课程

美的本质是真和善的统一，在明慧育美课程中我们以美为价值取向追求真的规律性，崇尚引导学生明慧和启智，在坚持立德树人根本任务的基础上，着重培养学生，对自然与人文的感知、记忆、理解、分析、判断，激发学生思维活力，启迪学生生活智慧，提高学生发现问题、解决问题的能力。在数学、科学、信息技术等学科课程中，学生通过主动参与学习活动，积累知识与经验，通过独立思考或与他人合作，经历发现问题、提出问题、分析问题、解决问题的全过程，感悟知识的内在联系，培养学生抽象能力和逻辑思维能力。在校园探险、数学创意绘本、3D打印等活动课程中，让学生在亲身经历的实践探索活动中，激发思维乐趣、体验灵性旅程。

（三）茁健育美课程

在茁健育美课程中，我们着重引导学生健心、健体。学生通过体育、心理健康等学科课程和系列活动课程，提高学生体能和运动技能水平，加深学生对体育与健康知识的理解，培养终身体育的意识和习惯，发展良好的心理品质，增强人际交往技能和团队意识。在此课程中我们期望学生能够蓬勃向上、阳光开朗，形成健康的生活方式和积极进取、充满活力的人生态度。

（四）蕴艺创美课程

蕴艺创美课程，打造以民族音乐文化传承为目标的绚丽民歌作为蕴艺创美课程的特色项目，学校建立民歌课堂、民歌社团、教师民乐团、民族音乐选修课等实践载体。同时，可从儿童个性发展需要出发，将艺术化的课程内容作为审美对象，引导学生感受美、领悟美，促使学生在艺术的氛围中受到美的熏陶，促进学生人格成长、情感陶冶，提升学生创美能力。比如在音乐课程中，一方面通过挖掘学科美育元素，诸如跳动的音符、优美的旋律、悦耳的歌声、灵动的舞蹈等，挖掘学生艺术潜质；另一方面，依托学校音乐学科课程群建设，通过民乐、管弦乐、传统舞蹈、现代舞蹈、儿童戏剧等，丰富学生艺术生活，开拓学生艺术视野，激活学生创作潜能。在此课程中，我们期待学生通过积累、汇聚审美经验，培养艺术美感，提升学生艺术修养。

（五）勤俭育美课程

勤俭育美课程的根本目的是让学生明白幸福生活建立于辛勤劳动之上。学校通过系列劳动课程、综合实践课程，将生活基本技能与实践操作及学生生活实际密切联系，以此激发学生创造力，唤醒学生生命力。在此课程结构中，除了常规的劳动课程和实践课程，比如耕耘、烹饪、手工、培植、园艺等，学校还结合地域文化，将非物质文化遗产等元素纳入课程群，引导学生感受中华传统文化，体验劳动生活，培养勤俭、奋斗、创新、奉献的劳动精神，引导学生树立勤俭、勤劳的品质。

第二节 小学纯美教育的实施策略

一、小学纯美教育校内实施的策略建议

（一）探索悦美目标引领、推动课程有效实施的纯美课堂

儿童的生活是色彩斑斓的，世界对于他们来说，是一个充满问号的空间，好

奇心驱使他们用快乐的心情幻想世界的神奇，他们用成年人不能理解的语言、动作、思维方式观察、解释着社会、自然呈现在他们面前的一切——比如看见星星闪烁，他们会想，是天上的小朋友在给我们打招呼吗？听见青蛙鸣叫，他们会问，这是他们在歌唱吗？所以，情趣是儿童生活最真实的写照。没有情趣，小孩子的课堂将会失去活力，没有情感投入的学习将是枯燥的、苍白的、没有原动力的。学习是师生以具体的知识作品为载体，进行心灵的沟通，传达彼此情感的生命体验过程。教师就是要通过教学发展学生的审美情感、审美心理、审美技能，让学生充分感受到学习的乐趣，体验到生活的丰富，领悟到生命的多姿多彩。在此过程中，教师的教学不仅要着眼于基本的知识与技能，更要"情趣相融，知能共进"，在生动而有趣的教学场景中唤起学生对美好生活与生命的欣赏、热爱与追求。教学本身是一种艺术，艺术的课堂，往往呈现着教学内容的丰富性、课堂结构的层次性、教学方法的多样性、教学情境的灵动性，当然，还包括不同个性与风格的教师在课堂上的独特的审美性。

"悦美"概念是在与国家课程相融，凸显美育办学特色的基本思路下进行课程重构而诞生的，它是国家课程校本化实施的最基本、最重要的途径和平台载体，这样的课堂被我们称为悦美学堂。"悦美"对学生，是用"悦"的心态，感受、欣赏学习对象的美；在"悦"的课堂情境中，表现美、创造美；对内容，是用美之"悦"去浸润、打动、感染、教化学生。

悦美学堂要能坚持以下四种教育理念。第一，悦美学堂要能尊重儿童主体，强调以生为本。为此，教师要时刻关注学生的学习状态，明确一切教学设计都要以能激活学生的思维、丰富学生的情感、调动学生的学习积极性为前提。总之，要重视儿童的生命状态与生命成长在教育教学中的价值。第二，悦美学堂强调以学定教。强调美育儿童学堂的"学"的价值，是强调美育儿童学堂与传统的课堂在教学行为上的不同特质；是让我们明白，如何学是如何教的前提条件，要实现学生主动学习，主动思考，主动发展，我们必须研究如何教，因为儿童的学是以教师科学、合理、有效的教为基础的。第三，美育儿童学堂还"重视学习体验"。玩是儿童的天性，是儿童成长的主要方式，为此，要通过对儿童"好奇、好问、好玩"特征的把握，设计出情趣盎然的教学实践活动，让学生主动参与学习，在动手动脑中获得知识，升华情感，提高实践能力，进而提升综合素质。第四，要坚持素养领衔的教育观念。小学生核心素养包括心理建构与应用、思维发展与提升、审美鉴赏与创造、文化传承与理解等几个组成部分。审美鉴赏与创造能力与学生的兴趣紧密相关，学生通过审美欣赏，产生审美体验，增强对作品美的感知力和理解力。这要求老师做到还原情境，增强演绎想象美的能力，细节分析提升情感美的感知能力，意识引领练就学生发现美的眼睛。

在美育儿童学堂这个平台上，我们每位教师都成为课程的开发和核心参与者，教师将根据自己的学科特点，探索教学过程中体现儿童"三好"（就是好奇、好玩、好问）特征中的某一方面的特质，尝试在教学中体现"五生"（生本、生活、生态、生动、生成）的课堂标准。这样的课堂，使师生之间建立了一种合作、交流的互动关系，也为教师潜能的开发和创新精神的发展提供了空间，使教师成为研究者、反思实践者，而且加强了教师的课程意识，培养教师的创造精神，有效促进教师的专业发展。

（二）建设"纯美社团"，拓展小学纯美课程内容

"纯美社团"可着眼于学生的全面发展，以优质的社团课程抚慰学生心灵，唤醒学生潜能，关注学生成长，促进学生形成良好的个性和健全的人格。通过此平台的搭建，为学生提供潜能开发、个性发展的阵地。"纯美社团"，一方面，包含关注学生个性特长提升的四大精品社团——"天娇儿童艺术团""创美少年科学院""尚美童心书画院""生肖联盟俱乐部"，这些社团主要面向在艺术、体育、科学等方面有优势特长或发展潜能的学生，进行生命潜能开发，促进学生个性成长。（详见本书P147—P148"学生特长提升课程"）

另一方面，也有面向全体学生的，以培育学生审美情趣为主的社团课程，此社团课程内容丰富，包含"尚善育美课程""明慧育美课程""苗健育美课程""蕴艺创美课程""勤俭育美课程"。每学年第一周学生和家长以网络选课的方式确定本年度要学习的课程内容，每周二下午学校用两节课的时间来开展课程学习。在小学六年时间里，每一名学生都需要保证学满四大课程，每项课程至少学完一门，以此来促进学生的全面发展。

（三）开展童心灿烂四季美育文化节，丰富课程活动

以"童心灿烂四季文化节"为统领提炼春、夏、秋、冬四季的美育价值，以"春天理想的萌发、夏天生命的成长、秋天丰收的喜悦、冬天智慧的蕴藏"四季

主题活动为内容，把学校的常规教育活动统一其中，开展了体现儿童文化活动，反映儿童成长，引导儿童主动融入生活、自然和社会的，由"童真融春""童趣约夏""童语韵秋""童心暖冬"四个板块所组成的"童心灿烂四季美育文化节"。（详见本书 P145"德育课程内容体系"）

二、小学纯美教育校外实施的策略建议

（一）学校与家庭：建立"美育工作坊"

学校建立"美育工作坊"，开展"好家风育好孩子"活动，由家长志愿者负责，每学期初由家长自愿报名，以开展社团微课、班级微课、年级微课和校级微课等形式，包括生活技能类、科学创新类、艺术文化类等，以实现学校的美育价值为出发点，不以知识点或技能的掌握为目的，而以"浸润、熏陶、体验、激趣"为策略，实现开阔学生视野、丰富学生情感、激发学生兴趣的目标。

（二）学校与高校：创办"博士工作站"

充分利用周边高校专家资源，邀请各个领域的专家学者加入学校的"博士工作站"。一方面，通过面向学生开展探究型、智慧型课程，开展"大博士领小孩子"活动，推动学生"慧美"成长。另一方面，也充分发挥博士的研究特质，带领全校上百名教师，开展教育最前沿课题研究，促进研究型教师成长。

（三）学校与社区：开展"寻美体验之行"

学校通过开展"美社区联美校园"活动，一方面通过学校美育文化与社区文化相融，让"美"走进社区，从更广的社会环境中为学生创造良好的美育环境，发挥社区的育人价值；另一方面，则利用社区经常举办的各类活动，比如走进养老院探访老人、街道清洁大扫除、社区节日汇演等活动，为学生搭建生活实践平台，使学校与社区形成合力，持久有效地共享资源生态，以实现学校的育人目标。

（四）学校与企业：实施"企业研学活动"

用"共享科技园"的理念，整合辖区内企业优质教育，把高科技企业的科技

新产品、新技术，发展理念与文化，把社区内的高科技企业的科技新产品、新技术，发展理念与文化引入学校，特别是将名优企业的工匠精神引入学校，用课程的思路，通过建设学校"共享科技园"的形式，让学生了解日新月异的科技发展，开阔学生眼界，丰富学生经验。

三、以尚美为目标的纯美评价策略

尚美是崇尚、追求、向往之意，这里的美是"统整"后的大美育概念，它包括了以美为价值引领的其他各育的美育内容。尚美评价，就是指向以大美育为内容的综合的、全面的学生的美育发展评价。尚美评价是以美为价值取向，克服课程与评价变革中工具理性、技术理性的时代要求，消除人为设置的限制，消解学科教育中客观而普遍的法则与绝对真理对自由思维之束缚，回归儿童客观感知、发现多元世界声音的能力，最终实现美育所孜孜追求的目标，即帮助儿童建构其主体人格。评价者要以审美的眼光看待教育事件和评价对象，领悟评价对象所蕴含的美的真谛，并把这种对美的理解和欣赏艺术性地呈现给被评价对象及其他关注者，从而促进自身或评价对象的自我认识、自我教育、自我提升的能力，体现认知自身或评价对象的美的底蕴。

尚美评价是从整体的视角出发的评价体系，承载学校办学思想、办学特色的评价，是实现国家课程美育校本化、校本课程美育特色化的评价，是用美育价值引领，实现学生全面发展、个性发展的评价。评价的具体内容主要是对学校课程、教师课堂、学生课业等三课的评价，包括宏观层面的，承载学校文化的学校课程评价（即国家课程的美育校本化评价、校本课程的美育特色化评价）；中观层面的，以美育校本化为目标的国家课程课堂教学质量评价；微观层面的，既指向国家课程标准实现状态，又指向学生个性潜能发展状态的学生学科课业评价。其中课程评价，是对学校各类课程实施与管理的评价，主要从学校层面对课程的全方位评价和家长、学生对课程的反馈性评价两方面着手；课堂评价是对教师课堂教育教学的全方位评价；课业评价是对学生综合素养的评价，其中包含学生评价的五大板块——美（审美素养）、善（道德品质）、慧（知识能力）、健（体质健康）、勤（实践技能）。

第八章 "五育"融合——小学纯美教育实施路径

中共中央办公厅、国务院办公厅印发的《关于全面加强和改进新时代学校美育工作的意见》第4条规定要求树立学科融合理念，指出"加强美育与德育、智育、体育、劳动教育相融合，充分挖掘和运用各学科蕴含的体现中华美育精神与民族审美特质的心灵美、礼乐美、语言美、行为美、科学美、秩序美、健康美、勤劳美、艺术美等丰富美育资源。有机整合相关学科的美育内容，推进课程教学、社会实践和校园文化建设深度融合，大力开展以美育为主题的跨学科教育教学和课外校外实践活动"。"五育"融合的理念是什么，德、智、体、美、劳各育如何融合是本章要探讨的主要内容。

第一节 "五育"融合的教育理念

一、"五育"融合育人体系构建的必要性

中国现代教育家蔡元培最先提出"五育"并举的教育思想，其中"五育"分别是军国民教育、实利主义教育、公民道德教育、世界观教育及美育，其并举主要意思是缺一不可，与我们当前强调的"五育"融合有不同的概念和内涵。"五育"融合不是一种单纯的实践方式、实施路径或实践策略，"五育"融合实际上蕴含了一种新的教育理念和育人理念，是中国教育变革和发展的基本趋势。在

"五育"融合的教育理念下，需要构建"五育"融合的育人体系，原因如下：

（一）"五育"发展的不均衡或分裂阻碍了素质教育目标的实现

我国传统教育唯分数、唯论文、唯帽子、唯升学等教育顽疾，严重阻碍了素质教育目标的实现，阻碍了德、智、体、美、劳等教育的融合。"智育为本""智育为先"的观念根深蒂固，一直以来都未发生根本改变，学校、家庭以及社会舆论的关注点主要都在学生的学业成绩上。学校的课程设置中，音乐、美术、体育、劳动等美育、体育课程群的内容课时比重偏低，学校重视程度不够，德体美劳并未在学校教育中取得重要地位，唯智育课程、唯文化课、唯升学的教育局面并没有改变，导致"五育"发展不平衡，甚至存在割裂与对立的情况，更谈不上"五育"融合，疏德、偏智、弱体、抑美、缺劳等五育分裂现象在学校中普遍存在。长期以来学校对美育和体育等非文化课学科不重视，即使有教师招聘计划，也会将这些计划放到语、数、外等重要的文化课学科上，艺术、体育等学科教师长期缺编，导致的直接结果是美育和体育长期以来在学校教育中处于相当弱势的地位，这些学科教师的工作积极性不高，甚至受到严重影响，招不到人，人才还不断流失，导致美育和体育专职教师出现严重短缺。弱势的美育和体育也有自己的培养目标，只是不在学校的培养目标和培养体系中占有多么重要的地位，整体的育人目标被分解或被弱化，阻碍了全面发展教育目标的实现。

（二）"五育"融合理念的平衡方法思想能有效解决结构分裂的问题

"五育"融合要求将德、智、体、美、劳中任何一方面的教育目标和教育内容都与其他方面结合起来进行教育，不是将五种教育目标、教育内容并列起来进行教育。美育不仅要培养学生欣赏美、认识美、感知美、表现美、创造美的能力，还应该组织学生开展美学科普知识宣传，举办鉴赏活动，开展美学体育，进行美的人格塑造等，在课程教学、美育实践教育活动中将德智体劳四种教育自然地融入，实现素质全面发展的教育目标。"五育"融合教育理念是对教育体系的新理解，教育体系是一个大的系统，德、智、体、美、劳素质教育系统中涵盖了心理素质教育、身体素质教育和社会文化素质教育等组成部分，都是教育大系统的构成要素，相互联系、相互影响、相辅相成，最终发挥整体功能，实现素质教育的教育目标。再从个体发展角度看，"五育"融合可以将"五育"针对个体发展的目标具体化，其中德是方向，智增才干，美是动力，体是前提，劳是梦想，五位一体共同促进人的全面发展。"五育"融合不仅是"五育"并举，而是在"五育"并举基础上的进一步推进、深化和发展。

（三）"五育"融合是未来教育发展的趋势

从原始社会的分散教育形式发展到当代的集中学校教育形式，再到回归自然、回归社会的多样化、多元化教育的发展过程，呈现出一个分散—集中—分散的否定之否定规律。"五育"融合教育包括了范围扩大、内容深化、对象开放、时间终身、目标多元等各种不同的特点，人才发展方向也呈现多元化、多样化发展的基本趋势。人才培养的趋势与社会生产的发展趋势相一致，现代社会生产方式不再是单一的模式，而是融合了农业、工业、商业、科技、信息、教育等各行各业构成的动态的系统，这样的系统对传统教育模式提出了挑战，对新时代融合发展型人才提出新的要求。

"五育"融合教育理念促进小学教育具有了一些新的时代特征，主要表现为：更加注重育人质量，这要求明确高质量的育人目标的、有效的育人方式；更加注重终身教育，终身教育就包括了终身教育理念渗透和终身学习体系构建，注重培养学生的终身学习意识、终身学习能力与终身学习习惯；更加注重与时代结合的智慧教育。现在教育在人工智能催生的智能时代提出很多新的词汇，包括智能教育、智能学校、智能课堂、智能教师、未来教育等；更加注重各种教育目标、教育内容、教育形式的融合，包括公平与质量的融合、普职融合、线上线下融合，融合教育已经成为现代教育的大势所趋。

二、"五育"融合教育理念的内涵和要求

（一）"五育"融合教育理念的内涵

1. "五育"融合包括了儿童、学科、社会三个层面下的融合

儿童层面的融合教育是指各种教育内容、知识技能、教育过程与儿童经验、儿童心理发展规律、儿童认知的割裂，通过"五育"融合涵盖儿童学校教育的全部阶段，促进儿童的全面发展；学科层面的融合教育针对各个学科之间、各个知识模块之间、各个知识具体内容之间、学科理论学习与学科实践相分裂的问题，

通过"五育"融合教育促进学生能加强学科、知识、模块以及理论与实践之间的联结，提升学生知识获得能力和社会实践能力；社会融合教育针对当前教育活动与实际生活、社会现象之间的割裂以及当前各类阶层差异、职业差异、性别差异带来的不平等现象，强调为教育公正、公平基础上进行的融合。

2. "五育"融合包括目标、内容、实施方式等方面的一体化结合

"五育"融合包括了教育内容、教育目标和教育实施方式的有效整合，"五育"都有培养德、智、体、美、劳全面发展的社会主义建设者和接班人的培养目标，各育内容之间相互渗透、相互融通，如德包括了智，智融入了美等。"五育"内容通过育人过程实现融合，凡是有利于融合式课程和融合课程实施的策略、方式和方法都可以采用。"五育"融合不仅包括各育之间的融合，也包括将那些不被现有教育体系重视的教育内容和教育资源融入学校整体的教育系统中，包括学校实施的各类项目、活动、问题、体验、文化等。

（二）"五育"融合教育理念的主要要求

1. 全面培养体系的关系进行整体设计、整体实施和整体评价

"五育"融合是在各育基础之上做加法，但这种加法要避免在传统教育中的简单加法思维，将各部分教育目标、内容进行简单叠加。对审美教育效果评价，不能只评价审美教育本身，将其评价与其他各育的评价分离开来，同时还要考虑审美教育的开展，对德育、智育、劳动技术教育等产生了什么推动作用，与传统教育仅评价单一教育领域相比，这种与五育与全面培养体系的关系的评价更加具有挑战性，要求目标全面、内容全面、设计全面、实施全面且还要评价全面，只有这样才能将"五育"融合置于全面教育体系的核心。如果没有"五育"融合教育体系，素质教育目标是无法实现的，也是无法想象的。

2. 强调多维度、多层次的融合

这种融合有发展目标上的融合，要求发展与质量，促进优质均衡；有社会不同教育资源上的融合，融合各种教育力量，包括社会、学校和家庭教育力量的融合，形成教育合力；有线上教学与线下教学的教育空间、区域和媒介融合，寻找到合适的"五育"融合基本路径。这不是某几个领域的融合，而是多维度、多层次的全面融合。

3. 建立合理有效的"五育"融合机制

首先，要建立专门的融合实施机制。这个机制能将学校内部那些教育部分、教育内容和教育目标需要融合，学校与社区的有效融合，也包括学校、家庭和社区教育力量的联合推进机制。其次，要探讨基于"五育"融合的小学育人质量评价新机制。在"五育"融合理念下，各类评价标准包括评价区域的、评价学校的、评价课程的、评价学生和教师的标准等都必须进行相应调整。"五育"融合评价体系一般包括"五育"融合规划、"五育"融合实施方案和"五育"实施评价三个方面，其中规划是学校对全面教育体系的顶层设计，实施方案是教师在学科层面的融合。评价必须要看教学多大程度上转到学生学习层面上来了，是否聚焦于核心素养，是否关注育人过程，等等。

4. 全面提升教师融合教学能力

"五育"融合实施效果最终还是要落实到课堂中，教师是"五育"融合的实施主体，教师教学能力直接关系到"五育"融合的成败。"五育"融合要求教师具有素质教育意识、全面育人意识和综合育人意识，自觉更新现代教学观念，不断反思重新构建形成自身的育人风格。"五育"融合教育理念要求教师摒弃分科主义、课时主义、利益至上主义，具备融合教学能力，这就要求教师具备开发融合课程的能力，能打破学科边界，根据学生学习需要、学习兴趣不断开发融合教学内容；要求教师具备协同教学的能力，既能独立组织教学，又能领导教师群体开发融合教学内容，完成学科融合教学任务，也能够配合、参与其他协同教学活动；要求教师要具备调整学生学习策略、养成良好学习研讨创新习惯、促进学生学习的能力，融合学习任务无法靠单一学习方式实现，教师要根据学生学习需要促进学生采取多种学习方式来推进。

三、美育在全面发展的"五育"融合教育体系中的重要地位

人是感性和理性的统一体，而且是感性与理性的矛盾统一体。教育目标是培养全面发展的人，这种人既有深刻的理性，也有丰富的感性，因为感性或直觉让人脱离理性的束缚，充满想象的空间，促进人成为改造自然最重要的力量。美育是客观世界通过审美欣赏、审美表现、审美创造不断获得美感体验，如果在培养良好行为习惯、获得知识技能、养成健全人格的过程中获得审美情趣、美感体

验，无疑会强化人的积极行为，从而培养健康的审美情趣和审美能力，同时促进人的全面发展。美育就是以美育人，在全面发展教育组成部分中侧重于感性、情绪的教育。因为美育的形象、情感，让人的生活、学习、工作充满情趣，合理有效的创造性弥补了理性教育的不足，虽不入理但入情入心，对人充满强大吸引力。理性的条条款款常常束缚着人的思维，而形象和情感常常熏陶和滋养着人的学习和创造，可以突破理性的束缚实现理性的升华。美育基于感性、形象、直觉和情感成为人学习和创造的原生动力，并有效促进感性和理性协调发展成为全面发展教育体系的基础。

人的生理状态与心理体验之间具有强烈的联系，生理状态可以激活人的心理体验，心理体验反过来也可以影响人的生理状态。看到美的事物，这更多的是一种精神上的享受，而非物质上的欲望。从这个意义上说，美育超越了利益关系，融合了高尚的情操和健康的人格，容易使人保持一种健康、平和的心态，也正是这个原因使美育更易于全面寓于他育之中。

（一）美育的具体性、形象性特征，为人的全面发展提供了可行性渠道

客观事物或客观现象中的美包括现实美、社会美、自然美和艺术美等，提供的是具体可感的形象。美育主要通过展现客观事物具体可感的美的具体形象，达到感染人、教育人、提高人的目的。它既不同于智育侧重于通过逻辑思维、运用概念判断和推理去认识和改造客观事物，也不同于德育侧重于道德观念、社会规则的约束要求。审美通过具体、生动、鲜明而可感的形象，使学生对客观事物或客观现象受到感染，产生愉悦的情绪感受，德智体等素质受到潜移默化的影响并得到发展。美育就是因为其具体可感的形象，让学生身心都处在愉快、自由、放松的状态中，所以相对来说容易为学生所接受。

（二）美育的情感性特征，为促进人的全面发展的"五育"融合教育提供了动力条件

美育是侧重于情感的教育活动，情绪情感是美育的突出特征。美育的情感性特征使每一件美的客观事物都会产生特别的魅力，对人有别样的吸引力。任何艺术作品都是对自然景物、社会生活、社会现象的典型反映，其对情感的表达以及美的属性可以激发学生强烈的情感，使学生对这些艺术作品描述的情景产生强烈

的憧憬和向往，为了达到这种境界，个体往往会产生探索自然和社会、追求新知的不懈动力。教育工作者的实践也已经证明，通过美育激发学生强烈的情感去提高学生的道德素质、文化素质，常常能取得非常显著的效果。

（三）美育的普遍渗透性特征，为促进人的全面发展的"五育"融合教育提供了广阔空间

凡是有人活动的领域都包含了美的因素，人类几乎所有社会实践领域都包含有审美因素，美无处不在，无时不有，世界本身就是多姿多彩，无奇不有，充满了无限美好。美的这种普遍渗透性特征，使美育可以开展多种多样的教育活动，丰富多彩、生动具体，可以不择时间、地点、对象、条件，普遍地加以实施。美育不是艺术教育，如果仅将美育理解为艺术教育，这会缩小美育的范畴，还会降低美育的内涵。美育过程包含了丰富美的形象、美的体验、美的情绪情感，自然界、人类社会和艺术作品中都存在千姿百态的美，我们确立的纯美教育坚持强调以生为本、以学定教、学习体验、素养领衔的教育理念，使美育成为一种全面性的教育、全面发展的教育。语文课有文学语言美，地理课有祖国的山河美，历史课有创造美，体育课有坚强意志美，只要教师注意寻找，各门课程都有美的因素，通过各类授课表达、操作方式，实现教育美的理想。

第二节　美育与各育的关系与融合

弄清美育与其他各育的关系，是克服教育实践中五育分裂的重要途径。艺术活动是一种审美活动，但美育活动不限于艺术教育，人类的任何实践活动只要发现了美的属性，都是一种审美活动，都会打上鲜明的人的活动痕迹。艺术教育活动是美育活动的重要组成部分，但美育活动还可以通过其他实践环节实施。

人的意识分为知、意、情三个部分，培育真、善、美三方面的品质，对应了人类智、德、美三方面的教育，这三方面的教育对培养全面发展的一代新人都是不可缺少的，用任何一方面取代另一方面都被实践证明是错误的。长期以来以德代替美育，对培养人的美的心灵和高尚的道德情操都是不利的，他们的培养目标具有一致性，同时它们的教育过程具有差异性。德、智、体、美、劳均体现了人的身体和心理发展多方面的需求。从培养全面发展的社会主义建设者和接班人角度上看，不仅需要促进美育与艺术教育的融合，也需要了解德、智、体、美、劳各育之间的关系，促进美育与各育的融合。

一、美育与德育：以美育德，寓德于美

（一）德育中的审美因素

优良思想道德品质都具有显著的审美价值，如智慧、勇敢、节制、平等。人类智慧使人获得知识，使人的行为不被扰乱，心灵不被干扰，欲望得到理性的控制，人生得到幸福；勇敢代表精神上的坚强能够控制欲望的束缚，使人服从于理性的命令，不论多么艰难都要服从；节制总体上是为获得最大的快乐服务的，这包括对感官快乐的节制，对各种具体行为的节制，可以使人的快乐变得更加持久；平等的观念在早期表现出反奴隶主压迫的进步性，所有的人在法律面前一律平等，所有人在上帝面前一律平等。

很多道德品质高尚的人成为很多人效仿的榜样，如我国近代维新派谭嗣同，无产阶级革命先烈李大钊，我国古代农民起义领袖陈胜、吴广、洪秀全，还有众多的爱国英雄，包括屈原、苏武、杨家将、岳飞、文天祥、林则徐等，他们都有自己的人生理想，有高尚的品行，有伟大的事业成就，为世人所景仰。

（二）美育对德育的促进作用

德育中包含了审美因素，美育中也包含德育的因素，二者相互包含、相互渗透、相互作用、相互融合。

1. 美育促使人的意志心理结构趋向完善

伦理道德离不开人行动的意志，人在某种道德规范的影响下，其行动能否持续表现为困难的克服、自觉自愿的选择、自由意志的坚持。要达到自觉自愿、克服困难的坚持，又不违反道德规范，这对于实施主体的意志心理结构的完整性要求是很高的，因为这需要主体自己能够自觉有效地排除非理性的冲动和杂念，战胜忧虑、愁苦、空虚、烦恼、恐惧等消极心理状态。在新的道德品行尚未完全建立起来之前，人会产生一种道德迷失的感受。当个人利益受损情况凸显时，人的

情绪情感如洪水猛兽般暴发，人们利益获得会暂时失去平衡，再加上很多不可预测因素，昨天还在欢呼、歌颂新时代带来的实惠，明天却面临失业需要救济的困境。从传统的工具理性主义带来的单向道德人本主义走向世俗生活的真实，这不是历史的倒退，而是人类文明进步的标志。现实是到达理想的中介，不是理想本身。当我们从当下的世俗理想作为终极目的来加以认同时，就会把人类的全部意义倾注于世俗生活；当现实生活与理想之间还有距离的时候，就会出现精神状态的迷失，就不可能达到意志自由。美育迎合现代人情感感性需要，给人带来很多感官享受和快乐，但美育绝对不会仅仅局限于感官层次，而是超越感官达到精神上的充实与快感。当人精神空虚、浅薄时，美育以丰富生动的形象填满人的整个精神空间，不会因为遭受挫折而精神成溃。美育引导人们超越功利，以崇高美的价值导向潜移默化地影响人们的存在价值，随时给人们指点生活中最美好和最光明的方向，给人们一种希望、期待和自由，最终趋向完善。

2. 美育活动为德育提供丰富生动的内容

美育活动令人们感官舒畅、精神愉快，本身还包含或渗透了大量的德育内容。对祖国壮美山河的欣赏，会激起人们对家乡、祖国的无限热爱，这就是生动的爱国主义教育。各类优美艺术作品更是描绘了非常丰富的德育内容，是进行德育活动的重要素材，如范仲淹的《岳阳楼记》描绘洞庭湖的壮丽景色和磅礴气势，以"不以物喜，不以己悲"，衬托他的崇高抱负"先天下之忧而忧，后天下之乐而乐"，为世人所景仰，成为千古名篇。对于社会美的教育活动，包括欣赏社会美和创造社会美，常常能够实现德育内容与美育活动的统一。五讲四美活动既是社会美，又是德育；人的仪表美、语言美、行为美和心灵美本身就是德育。美育过程既要美的外表也要美的心灵，这也是德育所渴望的、道德品质高尚的人。在德育过程中我们也常常用这些道德高尚人的思想和行为来教育人，教育方式或手段常常也通过具体生动的艺术形象，不是简单地复制过去与现实，而是按我们的审美标准和审美理想加以创造，成为一个能吸引人的促进人类社会发展的可接受、可操作的榜样。

3. 美育活动的形式是德育的重要手段

德育的传统做法就是说教、灌输，甚至进行强制学习，规定学习时间、学习地点，这样的教育做法容易使受教育者感到千篇一律、枯燥乏味。美育用生动具体的形象、用上下起伏的情绪情感，在欢声笑语之中、在潜移默化之中去影响受教育者，不仅能将教育内容于自然而然之中被受教育者所接受，而且会成为受教育者的自觉行为，内化为受教育者的行为习惯。如组织学生踏青的活动，学生兴趣浓厚，既开阔了学生眼界，又增强了学生组织纪律以及互帮互助的交往观念；通过对社会热点问题的讨论，思考他们感兴趣的课题，可以很好地引导他们正确对待人生，正确对待各种社会现象，把握时代的本质，形成正确的人生观、价值观和世界观；可以通过欣赏名曲、名画、名作，观看优秀的电影和电视剧，让优秀的艺术作品蕴含的社会主义核心价值或各类健康思想、内容让学生在喜闻乐见中自然接受。

（三）以美引德，把审美教育作为思想政治道德教育的切入点

思想政治道德教育包括思想品质、伦理道德、政治品格、人格修养、社会主义核心价值观等教育。美育着眼于人的心灵的净化、情绪情感的愉悦，追求高尚的道德情操。客观事物展现了一幅美丽的社会、人生画卷，可以启迪人们对世界、对社会、对人生的思考，有助于人们树立正确的人生观、价值观和世界观。任何美的事物、美的现象可以使人们情绪得到愉悦，心灵得到净化，情感得到升华，情操得到陶冶，品行得到塑造。思想政治道德教育具有强烈的社会性，包含强烈的理性内容，这种理性对于受教育者具有某种约束力，或者具有强制或半强制性质，能够促进人的心灵与行为朝向社会理想的方向。思想政治道德教育即是一种刚性教育，也是一种柔性教育。美的事物使审美主体产生美好的愉悦情绪，使人的活动更加自由。在一个看到事物美的属性的人面前，那些令人沉醉、令人激动、令人神往的特点和现象，是不需要任何障碍就可以实现的。祖国的山山水水如巍巍长城、西湖、桂林山水，我们会自然而然地心驰神往，爱国主义情感油然而生，这些爱国主义教育是不需要多少意志努力的。审美教育侧重于情感的教育过程形式，可以为思想政治道德教育奠定深厚的情感动力基础，使人对教育内容产生强烈求知欲和趋向性，使外在的社会规范和道德准则转化为个体的自觉行为，成为个体自身的内在要求。美育使人的行为言语符合善的要求，并逐步趋向最高的善，并在美、情感、善的循环中达到最高的善，从而趋向心灵的净化和道德的高尚。

人对于美是一种天性，人都有一种自然的趋美冲动，还会使得审美主体发生爱屋及乌的学习迁移效应，即在欣赏到美的同时，连带接收与之有关的其他信息

包括思想政治道德教育的信息。思想政治道德教育是刚性教育，但可以通过美育活动的柔性处理，把严肃的理性说教，变成具有生动活泼、具体形象的艺术形式和丰富多彩、兴趣盎然的活动，从而产生最好的教育效果。当个体对某个现象的道德认识与美好的情感相一致时，就会形成崇高的思想和信念，并且会以此为动力，推动道德认识向道德行为转化，成为一个具有高尚道德品质的人。一个人只有把自己的理想、信念和信仰作为一种美而不是作为一项任务、一种负担来追求，才会产生深厚的情感，从而形成坚定、稳固、不可动摇的道德信念。

二、美育与智育：以美启智，情理交融

科学和艺术都需要智慧和激情，没有智慧和激情的科学与艺术都将一事无成，这种智慧与激情就是由智育和美育来承担的。美育活动需要审美欣赏力、审美表现力和审美想象力，这些能力不仅是审美活动的组成部分，也是智育活动的有机组成部分。一个具有较高智力水平的人也可以产生较高层次的审美感受。智育活动本身也包含审美因素，不仅与美育活动相辅相通，既可以成为美育的基础，也可以通过自身的审美因素，达到情理交融，促进美育活动的效果。

（一）智育中的审美因素

物质是运动的，不是静止的，物质世界运动的永恒循环和运动发展的规律性联系，都是通过思维的规律性反映出来。科学的内在特点是和谐，反映了逻辑的正确性和构造的严密性。科学思想的真实性反映了和谐美，因为是有一定规则的，逻辑上是精密的。如门捷列夫的化学元素周期表能够把化学元素根据其原子量和化学性质进行排序，把当时已知的和未知的化学元素排列成尽可能和谐的层次和序列，其和谐性不仅让每个元素都能找到在化学元素周期表中的位置，而且还能同其比重、颜色、硬度、酸性或碱性等物理特征和化学特性协调一致。学科中的对称和均衡特征，如动量守恒和坐标平移的对称性相联系，对称的世界是美妙的，如各种规则图形是美的，而很多事物正因为不是那么对称使世界变得丰富多彩，因为不对称的事物可能是平衡的。科学中审美因素也突出地表现在简洁性上，如牛顿的万有引力定律是一种科学理论，但简单的形式蕴含简洁的规范，具有典范的简洁美特征。

在科学创造过程中，艺术会以形象、直觉、情感的形式生动具体地推动人们去创造，作用于人的创造过程，并成为人们创造过程中的强大动力。唤起的觉醒程度越高，情感越强烈，认识就越深入，反响越普遍，艺术越优秀，创造的灵感就越快速，产生的成果就越丰硕。科学家对现实的阐述越简单、越形象、越具体，应用范围就越广泛，科学创造就越深刻。尽管自然现象本身并不依赖于科学而存在，但对自然的改造和创造凝聚了人类智慧的结晶，这需要形象、直觉和情感等美育因素的有机结合，这和艺术家的创造是一样的。无论是科学创造还是艺术创造都是对未经历和未认识的领域的大胆介入和改造，都需要我们的感官和思维参与到这种创造过程中来。感性的东西提供了超越现实、超越自然的很多具体东西，使它与具体社会生活紧密联系起来，而理性的东西是来源于现实又高于现实的抽象、概括并使之具有和谐、简洁的特征。科学创造和美的创造在其创造的结果上体现了真、善、美的统一，科学成果是对客观规律的正确认识，说明它是真的；科学成果的应用价值改善了人们的生活，说明它是善的；科学成果是和谐的和悦人的，说明它是美的。

（二）美育对智育的重要作用

美育重在培养人们的审美欣赏力、审美表现力和审美创造力，这个过程必须伴随人的感知、记忆、想象、思维等认知过程，美育过程对于智力结构的完善和创造性思维的发展具有十分重要的意义。

1. 美育可以引发人们对科学研究的兴趣和追求

虽然不能否定有人申报科研项目，进行科学研究是为了某种利益的目的，但大部分科学研究工作者用审美的眼光透视自然，为自然界各种美的属性而陶醉，并为描绘这种和谐美好、创造美好生活进行了各种激情的探索。美所激发的审美情感同时也伴随人的理智情感，使人对客观世界充满了好奇、惊讶、疑问和探索的欲望，成为人们追求美、追求真理的内在持久热情，鼓舞人们去揭示真理，攀登科学高峰。历代的科学工作者被前辈描述出来的美好愿景所吸引、所鼓舞，他们站在前辈的肩膀上看得更高、更远，即看到了前辈科学家们所展示出来的美好愿景，也看到了这个图景显示出来的缺点和不足。这些新的发现，进一步唤起人们的好奇心和探索的自信，尽管前途漫漫，有艰难险阻，他们也仍然抱有强烈的探索愿望。

2. 美育可以完善人们的认知结构，发展智力

人脑左右两个半球具有不同的功能，左半脑司职言语、逻辑思维等，右半脑主要识别空间形象，进行艺术感知和欣赏，进行形象思维。科学研究工作用左半脑较多，因而压抑了右半脑细胞的积极性，难以发挥两个半球的协调功能。如果我们长时间进行逻辑思维，右半脑可能处于疲劳之中，这时如果暂时停下来进行一些艺术活动，如听听音乐，写写书法，读读诗歌，跳跳舞蹈，看看自然风光，可使被压抑的右半脑细胞活跃起来，用情绪、直觉和形象不断刺激左半球脑细胞。而当左半脑细胞收到信号后进行筛选发现一些有意义信号时就会立即质疑，创造装填，迸发出"耀眼的火花"，创造所需的灵感，促进结果的产生——发现真理。翻阅科学发展史可以发现，很多著名科学家都与音乐、诗歌、绘画等艺术形式结成了紧密关系，甚至他们自己就是一位高水平的艺术家或者是一名职业艺术家，如歌德是一位大诗人、大文学家，杰出的数学家、物理学家和工程师。

3. 美育凭借感性材料和艺术作品为智育提供丰富的内容

人类的艺术活动会把社会实践活动获得的经验、情感、智慧、能力等以各种艺术形式固定下来。托尔斯泰创作了一系列鸿篇巨著，包括《复活》《安娜·卡列尼娜》《战争与和平》等描绘了那个时代社会生活图景，揭示了各种社会矛盾，看到这些社会情境剖析自己所处的社会现实情境，并真诚地剖析自己。我们对中国古代社会现实的了解多数是从中国文学作品中得到的。如《聊斋志异》《儒林外史》《红楼梦》等文学作品给我们描述了一幅明末清初的社会各阶层人们的生活、风土人情图景，尤其是《红楼梦》几乎能让我们看到封建社会政治、经济、道德、宗教等各方面的全貌。

（三）以美启智，把审美教育作为文化科学素质教育的突破口

文化科学素质教育包括文化素养、科学素养和学习习惯、技能等素养的教育。美育侧重于形象、情感、直觉、创造性等特点，具有强大的动能，突破智育过程各种可能的障碍，在寓教于乐、潜移默化中促进智力教育任务的顺利完成。第一，美育可有效突破智育过程的各种障碍。智力教育是一种认知活动，智育过程尤其是开始过程是枯燥的、动能不足的、容易半途而废的。如果我们的教学采取传统的说教和灌输或者填鸭式教育，学生在情绪上就会抵触，产生不满和厌恶。如果教师能贯彻美育教育理念和美育规律，使课堂教学充满具体生动的形

象，形成一种浓厚的感情和艺术氛围，学生接受知识不再成为一种负担，而是一种享受，学生的学习动机就会被激发，生理、心理就会处于接受知识技能的较好甚至最佳状态，教学就会产生良好效果。情感对个体的认知过程的组织动员动能，有利于促进他们的感知，活跃思维，成为学生启动进一步行为的主要诱因，使学习过程成为一种愉快、享受并产生浓厚兴趣的自主活动。第二，美育活动能促进智力右脑的开发。右脑是负责图形、形象，进行观赏风景、欣赏音乐，凭直觉观察事物、把握整体的身体器官，或者说右脑是想象的大本营，一个人聪明不聪明不仅看左脑，右脑决定了人聪明程度的上限。右脑的职责在大脑功能体系中对培养人的创造能力具有得天独厚的优势。因为审美教育的具体、生动、直观、可感的形象特征，使人在审美活动中对美的事物进行生动形象具体的观察、想象和联想，并伴随丰富的情感体验，从而体验到美感的愉悦和思维的启迪。第三，美育可促进智力结构的完善。审美心理结构与认知结构、智力结构、伦理结构交织到成人的总体心理结构或文化心理结构，构成了一个整体，其中任何一部分的变化都会引起整个系统的发展变化。审美心理层次越高，越需要丰富内在情感的支撑，通过情感的不断体验和不断积累，只有通过自然、艺术和社会形式的美育过程进行完整把握才能完成。

三、美育与体育：以美健体，相映生辉

体育主要是从体质方面教育和培养全面发展的人，体育与美育具有教育目标的一致性，要实现体育运动的目标也要求教师必须具备一定的审美修养，善于发现、创造体育运动的美，引导受教育者按照美的规律增强体质，训练体育运动技能，实现全面发展的教育目标。

（一）体育运动的审美因素
体育运动的美的范围很广泛，包括教育者、指导者与受教育者、竞技者的美，也包括体育锻炼、体育运动项目、体育比赛、体育表演等活动中表现出来的美。

1. 身体美
人类健康的身体会呈现出来一种特别的美，表现了人类基本的生命活动那种

自然、匀称、和谐的美。身体美不同于人体美，人体美包括人的身体曲线、人的健康、人的强壮等方面所表现出来的那种表面轮廓的美。身体美最重要的部分是健康美，就是强健有力、平安快乐。健康美常常通过优美的姿态、健壮的体魄和充沛的精力等表现出来，体现了一个人无疾病状态，气宇轩昂，富有生命活力。

2. 运动美

运动美是指人体在运动过程中展现出来的美。人体运动的目的是为了完成某种技术动作，这种运动技术动作的要求与美学要求具有一致性。运动过程的技术动作如果达到了准确、熟练、轻松、和谐，并能够运用自如，将形成优美的运动技术，从而具有身体曲线美、造型美、和谐美、韵律美等。运动动作技巧水平越高，科学度越高，体育运动效果越好，就越具有美学价值。不同的运动项目表现了不同的美，包括跳动美、速度美、爆发美、柔软美、优雅美、弹力美和轻快美等，体现快慢结合、刚柔结合。

3. 精神美

体育运动的各种运动动作行为反映的不仅仅是一种行为，也反映了内心美，具有精神深化的意义。人在进行体育运动的时候，也包含了情感、心灵的塑造发展的过程，不仅掌握了一些技术动作，也能够锻造自己的心灵。体育运动的精神美也反映了人丰富多彩的精神世界，通过体育运动可以很好地锻炼人的忍耐、机敏、控制、坚毅、果断、勇敢等坚强意志，激发人们对美好精神生活、人类美好理想的不懈追求。

（二）以美健体，把审美教育作为身体心理教育的催化剂

身体心理教育中的体质体能教育和心理教育两者是紧密结合、相融为一体的。人的体质健康状况构成了审美心理结构的物质基础，体质健康状况直接影响和促进审美心理的进一步发展。体质体能教育不仅可以让学生学习一些必要的体育锻炼技术，也可以使大脑发育发展更完善，提高学生对美的事物的感受和表现能力。体质体能教育的目的在于学习体育锻炼方法，增强学生体魄，而体育锻炼之后形成的健康体魄表现了人体的健美，达到了美育活动目的。体质体能教育的过程也是实现美、创造美、建立美的过程，这一过程也离不开对美的感知、判断和追求。审美素养的提升反过来又可促进人们按照美的规律来锻炼身体，塑造自己的形体，提高身体健康素质。体育运动技术是多种因素协调配合、和谐发展、

匀称发展的结果，最终达到动作美、节奏美、结构美、造型美、和谐美等的要求。

四、美育与劳育：以美促劳，美劳结合

（一）劳动教育的美育功能

由于教育的功利性，忽视劳动教育的特殊地位等多种因素，小学劳动技术教育一直存在着"课时不足""教师缺乏""内容落后"等问题。既然是教育的有机组成部分，劳动与技术教育中学生依然是劳动的主体，劳动类型也多种多样，包括自我服务性劳动、生产劳动、社会公益劳动与科技创作活动等。

1. 可以提升劳动产品的社会价值

学生无论参加什么类型的劳动，包括生产性劳动、社会公益性劳动等，学生都在用自己的心血、汗水和智慧适应着、改造着现实世界和社会世界，为社会发展做出贡献。即使他们的劳动要求是简单的，甚至是幼稚的、原始的，这些劳动形式都有利于社会的发展进步，产生劳动产品的社会价值。在劳动过程中，由于使用自己的双手亲自适应自然和改造自然，能容易地唤起青少年学生的社会责任感和使命感，使他们从人类最初的活动开始认识到个人对社会、家庭、学校应尽的义务，通过在劳动过程中看到自己的劳动成果，看到自己为社会做出的贡献，深切体验到自己对社会的价值和个人的发展成长。学生在劳动中投入的时间、精神和精力越多，他们克服的困难就越多，在艰苦劳动过程中产生的美感自然会具有某种浪漫色彩，反过来促进劳动过程的更多投入。而且在劳动过程中，特别是集体劳动过程中形成的人与人之间的协调关系，有序的劳动组织、和谐欢快的劳动气氛等都会使学生感到集体的意义和力量，产生强大的集体荣誉感，感受到劳动创造价值的伟大。

2. 可以提高学生发挥个人创造力和才能手段的层次

学生劳动创造的价值包括社会价值和审美价值，不仅与劳动者本人对劳动过程的投入有关，也与学生的智力、审美能力素质紧密相关。学生在教学过程中的劳动，如制作各种模型、装配仪器、修理教具等，都是有目的、有计划进行的教育活动，当学生在教育过程中看到自己的劳动计划变成了劳动成果时，他们就会把内在的心灵投射到对象上去，促进劳动产品按照美的规律去发展、去建造，看

到自己本质力量对象化的完整过程，初步享受劳动过程带来的满足与幸福感。学生在劳动过程中可能并不熟练，甚至是不协调或笨拙的，然而随着劳动过程的进行，劳动技能的熟练，劳动效率的提高，他们也越来越能体验到劳动过程中的体态、动作、情绪、感知觉等，慢慢感受到劳动过程中的细节美。由于学生的智力、体力都处于一个不断成长发展的过程，学生在学校劳动的审美能力的发展与劳动内容和教师组织过程紧密相连，如果劳动的内容和强度都适当，通过学生劳动过程使其克服困难，培养意志力，体验审美愉悦感，就有利于促进学生智力和创造力的发展。

3. 可以促进学生劳动过程与审美活动过程的融合统一

学生在劳动过程中能够实现劳动产品价值与艺术创作过程的完美结合与融合统一，科学性、艺术性和实用性总是有机地联系在一起。某些劳动本身就是艺术创作活动，某些艺术创造活动本身就是劳动活动，如学生的刺绣、编织、缝纫、手工、雕塑等，学生不仅可以学到工艺技能，而且要学习合理搭配，形成匀称、和谐、简洁等美的元素，充满了美的内容。一个在工艺技术上表现完美的产品，在美学上往往也具有美的属性，甚至是完美的。

（二）以劳育美，以美育劳

美育侧重于通过感知觉、形象、直觉、创造来培养学生的审美素养和审美能力，劳动教育中也包含了很多审美因素，如手工劳作活动、美化环境活动等本身就是审美活动，这强调了美育与劳育的融合。

1. 激发学生学习兴趣

劳动教育是需要动手的教育活动，兴趣是学生发展动手能力的原动力。在劳动过程中激发兴趣就是要让学生能欣赏到劳动成果中美的属性、创造的美好事物，激发人创造美好事物的欲望，产生进行创造性劳动的强烈兴趣。在劳动教育中渗透美育，促进美劳融合，对培养学生的兴趣，丰富学生情感，体会劳动成果价值，陶冶学生的情操，提高学生的审美素养具有重要意义。

2. 培养学生创新精神，增强学生综合实践能力

劳动过程不是简单的生产过程，也包括了复杂的创造过程，不仅可以帮助学生形成某种求生劳动技能，还能在生产劳动中发展创新精神，通过劳动中形成的人与人之间的关系增强学生的社会实践能力，促进学生综合能力发展。这要求学

校高度重视劳动课，合理、科学地开展各类劳动活动和劳动教育活动，劳动形式不拘一格，但劳动内容和劳动技能的训练设计要符合学生身心发展特点。

3. 学科整合，"旧题换新颜"

劳动教育中有审美教育因素，艺术教育课程中也有劳动技术教育因素。如小学美术课可分为"造型表现""设计应用""欣赏评述""综合探索"等学习领域，如"设计应用"领域虽然重在培养学生的美术知识和实践能力，但也需要将劳动教育元素融入美术课堂，将艺术元素融入劳动与技术教育课堂，都可以使课程教学更加丰富多彩，使学科"旧题换新颜"，实现学科的融合。

马克思说"劳动创造美"，劳动是人的整个生命活动的基本形式，是人的生活需要。纯美教育要引导学生充分认识劳动对于人、对于人的生活的重要性。小学的劳动教育，要引导学生通过参与基本的、力所能及的劳动，学习劳动知识、劳动技能，体验劳动的乐趣，在劳动中学会珍惜劳动成果，体验劳动成果带来的欢愉性，体验劳动的创造之美；要通过观察家庭、工厂、农村，体验父母、劳动者的劳动艰辛，认识劳动能改变生活，体验劳动创造的伟大，从而尊重劳动，尊重劳动者。为此，我们要开展好学校的"好家风育好孩子劳动课程"，完成学校的"现代农业体验劳动课程"，要重视学生的日常劳动教育，要培养学生勤劳的习惯与勤俭的美德。

参考文献

[1] 习近平. 在文艺工作座谈会上的讲话 [N]. 人民日报,2015.

[2] 朱镕基. 政府工作报告:1999 年 3 月 5 日在第九届全国人民代表大会第二次会议 [EB/OL]. 中华人民共和国国务院公报,2003.

[3] 教育部关于推进学校艺术教育发展的若干意见 [EB/OL].2014-01-10.

http://www.gov.cn/gongbao/content/2014/content_2667617.htm

[4] 关于全面加强和改进新时代学校美育工作的意见 [EB/OL].2020-10-15.

http://www.gov.cn/gongbao/content/2020/content_5554511.htm

[5] 全国学校艺术教育发展规划（2001-2010）[EB/OL].（2002-05-13）[2011-08-17].

http://www.moe.gov.cn/publicfiles/business/htmlfiles/moe/moe_795/201001/xxgk_80694.html.

[6] 全国学校艺术教育工作总体规划（1989-2000 年）[EB/OL].（1989-11-06）[2011-08-16].

http://www.eol.cn/20010823/207470.shtml.

[7] 马克思,刘丕坤,译.1844 年经济学哲学手稿 [M]. 北京:人民出版社,1985:49-50.

[8] 李泽厚. 美学论集 [M]. 上海:上海文艺出版社,1982.

[9] 李泽厚. 美学四讲 [M]. 合肥:安徽文艺出版社,1999.

[10] 刘居富,熊晓明. 学校美育教程. 武汉:武汉工业大学出版社,1991.

[11] 杜卫,方卫平,阮向阳. 教育新概念:青少年美育 [M]. 武汉:华中理工大学出版社,1995.

[12] 季水河. 美学理论纲要 [M]. 武汉:武汉大学出版社,1992.

[13] 李廷扬. 美育辨正 [M]. 贵州贵阳：贵州人民出版社,2009.

[14] 陆万胜, 马增芳. 言谈举止的设计行为美育 [M]. 济南：山东教育出版社,1997.

[15] 王守恒. 美育原理 [M]. 合肥：中国科技大学出版社,1996.

[16] 王岗峰. 美育与美学 [M]. 厦门大学出版社,2009.

[17] 袁运开. 简明中小学教育词典 [M]. 上海：华东师范大学出版社,2000.

[18] 王祈然. 历史制度主义视野下我国美育政策变迁的制度逻辑：基于 1978 年以来国家政策文本的内容分析 [J]. 苏州大学学报（教育科学版）,2020,18:41-50.

[19] 丁旭东. 新中国美育政策及其成因分析与未来瞻望 [J]. 乐府新声（沈阳音乐学院学报）,2016,34:117-120.

[20] 丁奕, 何土凤. 求美时代：青少年美育的现状与创新研究 [J].2016,10:108-113.

[21] 孙勇, 范国睿. 我国学校美育工作的现状：问题与对策 [J]. 教育科学研究,2018,10:70-75.

[22] 赵伶俐. 论当代美育课程设置 [J]. 西南师范大学学报（人文社会科学版）,1993,4:54-59.

[23] 杨金芳, 周洁琦. 小学生态美育校本课程的开发研究 [J]. 上海教育科研,2013,12:48-51.

[24] 尤吉. 以美为魂, 立美育人：对小学大美育学校课程建设的一些想法 [J]. 华夏教师,2018,16:51-52.

[25] 李静, 蔡春. 论中小学课程的美育实施路径 [J]. 课程·教材·教法,2015,12:22-28.

[26] 谢翌, 赵方霞. 美育课程价值取向的百年嬗变：课程标准的视角 [J]. 课程·教材·教法,2020,2:27-34.

[27] 欧阳修俊, 林艳萍. 全面发展视域下小学美育课程实施的挑战与应对 [J]. 教育导刊,2020,12:75-80.

[28] 汤杰英. 美育概念考察 [J]. 西南师范大学学报（人文社会科学版）,2002,2:70-76.

[29] 胡小满. 德育与美育的关系浅论 [J]. 河北师范大学学报（社会科学版）,1992,1:92-94.

[30] 唐宏峰,尹倩文.2016年中国艺术教育年度报告：中学篇[J].文艺评论,2017,3.

[31] 祁志祥.李泽厚实践美学思想的历时论析及反思[J].社会科学研究,2017,5:157-164.

[32] 许昌盛.马克思主义人的全面发展理论对当代教育的启示研究[J].世纪桥,2019,8:84-86.

[33] 林绿茂.美育在人的全面发展中的重要作用[J].教育探索,2005,2:50-53.

[34] 高翠欣."以生为本"教育理念的现实困境与对策研究[J].学校党建与思想教育,2018,14:73-74.

[35] 刘桂辉.论"以学定教"的教学意蕴及实现[J].教育理论与实践,2016,36:52-54.

[36] 陈亮,朱德全.学习体验的发生结构与教学策略[J].高等教育研究,2007,11:74-77.

[37] 宁本涛,杨柳.美育建设的价值逻辑与实践路径：从"五育融合"谈起[J].河北师范大学学报（教育科学版）,2020,22:26-33.

[38] 周峰.简论劳动与技术教育的美育功能：兼论劳技教育的定位问题[J].中国教育学刊,2002,4.

[39] 申茹.在"劳动"中播下"美"的种子：略谈小学劳动教育中美育的渗透[J].美术教育研究,2020,22:172-173.

[40] 中学暂行规程（草案）[N].山西政报,1952:99-103.

[41] 周易.50.0%受访者指出当前美育存在功利化问题[N].中国青年报,2016-04-26.